A estranha derrota

Marc Bloch

A estranha derrota

Tradução:
Eliana Aguiar

ZAHAR

Tradução autorizada de uma seleção de textos:
"L'Étrange défaite, 1940", "Testament, 1941" e as notas relativas a esses textos foram extraídos de *L'Histoire, la guerre, la Résistance* © Gallimard, 2006
"Les citations militaires de Marc Bloch 1915-1940", "En manière d'épigraphe pour *L'Étrange défaite*" e "Le général qui a perdu son armée" foram extraídos de *L'Étrange défaite* (p.299-304, Édition Folio Histoire) © Gallimard, 1990

Grafia atualizada segundo o Acordo Ortográfico da Língua Portuguesa de 1990, que entrou em vigor no Brasil em 2009.

Revisão
Claudia Ajuz
Eduardo Monteiro

Capa
Jussara Fino

Foto da capa
© Bettmann/CORBIS/Corbis (DC)/Latinstock

CIP-Brasil. Catalogação na fonte
Sindicato Nacional dos Editores de Livros, RJ

Bloch, Marc Leopold Benjamim, 1886-1944
B611e A estranha derrota / Marc Bloch; tradução Eliana Aguiar. – 1ª ed.– Rio de Janeiro: Zahar, 2011.

Tradução de: L'Étrange défaite; Testament
Inclui bibliografia
Contém dados biográficos
Tradução autorizada de uma seleção de textos
ISBN 978-85-378-0521-3

1. Bloch, Marc Leopold Benjamim, 1886-1944. 2. Segunda Guerra Mundial, 1939-1945 – Narrativas pessoais francesas. 3. França – História – Ocupação alemã, 1940-1945. I. Título.

CDD: 940.5344
10-6592 CDU: 94(100)"1939/1945"

EDITORA SCHWARCZ S.A.
Praça Floriano, 19, sala 3001 – Cinelândia
20031-050 – Rio de Janeiro – RJ
Telefone: (21) 3993-7510
www.companhiadasletras.com.br
www.blogdacompanhia.com.br
facebook.com/editorazahar
instagram.com/editorazahar
twitter.com/editorazahar

Sumário

Nota do editor

Este livro traz notas de origens diversas. As de Marc Bloch estão precedidas por seu nome. As não assinadas foram estabelecidas pelos organizadores da edição francesa – Étienne Bloch, filho do autor, e Annette Becker, historiadora –, de onde foi extraída a maior parte dos textos do presente volume. As notas do tradutor são assinadas N.T.

Prefácio

Redigido de julho a setembro de 1940 e destinado a ser publicado assim que a França fosse libertada, *A estranha derrota* nunca chegaria até nós sem a corrente de solidariedade que se formou em torno do manuscrito, evitando que caísse nas mãos da polícia. Philippe Arbos, decano da Faculdade de Letras de Clermont-Ferrand, relatou um episódio desse esforço:

> Bloch me entregou um manuscrito que, por ocasião de uma busca policial, escapou aos olhos dos agentes de Vichy. Um amigo de Clermont, o dr. Canque, escondeu-o numa casinha do subúrbio da cidade; a casinha foi ocupada por um posto alemão de DCA.[1] Ficamos muito preocupados com a sorte do manuscrito, mas, finalmente, o próprio dr. Canque resolveu enterrá-lo em sua propriedade, na cidade de Orcines. Pouco depois, durante a retirada do Midi, as tropas alemãs acamparam e cavaram suas trincheiras em Orcines, mas nem assim trouxeram à luz o precioso testemunho, que logo pudemos entregar à família de Bloch.[2]

Depois de ser publicada graças à iniciativa de Jean Bloch-Michel e Georges Altman, *A estranha derrota* precisou, no entanto, de algum tempo para alcançar reconhecimento. A primeira edição de *L'Étrange défaite* (Témoignage écrit en 1940) (Société des Éditions Franc-Tireur, 1946), com uma tiragem de cerca de 5 mil exemplares, foi reimpressa também com 5 mil exemplares, que não se esgotaram. A segunda (Albin Michel, 1957) passou quase despercebida. A terceira (Armand Colin, 1961) é uma reprise da segunda. Foi em 1990, com a passagem para livro de bolso na coleção Folio da Gallimard (com prefácio de Stanley Hoffman), que *A estranha*

---

[1] CDA: sigla para Defesa Contra Aviões (Défense Contre Avions), que designava a artilharia antiaérea. (N.T.)

[2] *Deuxième livre d'or de l'École Normale Supérieure de Saint-Cloud, 1939-45*, Alençon, 1953.

derrota se beneficiou de uma grande difusão e alcançou um novo público. O clima havia mudado: a partir dos anos 1970, os historiadores dos temas contemporâneos começaram a se debruçar sobre o período da Ocupação, em particular devido ao efeito estimulante dos trabalhos de alguns historiadores estrangeiros. Com *A França de Vichy* (1972), o norte-americano Robert Paxton abalou a historiografia francesa e provocou uma renovação na abordagem do período.

Atualmente, *A estranha derrota* ganhou o status de análise mais pertinente e testemunho dos mais importantes sobre a derrocada de maio-junho de 1940,[3] trauma malsuperado ou reprimido pelos franceses.

Neste testemunho – ele reivindica explicitamente essa dimensão – e "exame de consciência", Marc Bloch não se contenta com a narrativa da derrota militar. Os combates tinham acabado de cessar. Ele escreve "no calor da hora", sem os materiais de que o historiador pode dispor em tempos normais. Entretanto, sua capacidade de análise não se sente cerceada e ele se transforma em historiador do imediato. Mesmo mergulhado no acontecimento, não deixou de refletir, de dominá-lo intelectualmente. A escrita se impõe como um dever e uma responsabilidade nascidos da observação cotidiana, da reflexão anterior aos meses de maio-junho de 1940.

A estranha derrota deve ser lida também como um ato de resistência intelectual, pois pensar as condições de uma ressurreição da França pressupõe a identificação dos fundamentos de seus erros. Graças a esse trabalho de elaboração, Marc Bloch passou a integrar naturalmente o Círculo de Montpellier,[4] que se deu como tarefa refletir sobre as condições necessárias para que a França reencontrasse "seu lugar no mundo".

---

[3] Apesar de sua densidade, o pequeno livro de Jacques Maritain *À travers le désastre*, publicado em 1941 em Nova York, difere profundamente de *A estranha derrota*, pois lhe falta a experiência de soldado de Bloch.

[4] Grupo de estudos criado em 1941, em Montpellier, para discutir as reformas institucionais, sociais e econômicas necessárias para o reerguimento da França. (N.T.)

A estranha derrota

(Testemunho escrito em 1940)

Apresentação do testemunho

Serão estas páginas um dia publicadas? Não sei. É provável, em todo caso, que por muito tempo elas só sejam conhecidas fortuitamente, à exceção dos que me cercam. Mesmo assim, resolvi escrevê-las. O esforço será pesado: como seria mais cômodo ceder aos conselhos do cansaço e do desânimo! Mas um testemunho só vale quando tomado em seu frescor primeiro, e não quero crer que este há de ser completamente inútil. Virá o dia, cedo ou tarde, tenho a firme esperança, em que a França verá brotar novamente, em seu velho solo abençoado por tantas colheitas, a liberdade de pensamento e de julgamento. Então, os dossiês escondidos serão abertos; as brumas, que em torno da derrocada mais atroz de nossa história começam a acumular ora a ignorância, ora a má-fé, pouco a pouco se desvanecerão; e os pesquisadores ocupados em escrutá-los quem sabe tirarão algum proveito ao folhear, se puderem descobri-lo, este relatório do ano de 1940.

Não relato aqui as minhas lembranças. As pequenas aventuras pessoais de um soldado entre tantos têm, neste momento, pouquíssima importância, e temos outras preocupações bem além das graças do pitoresco ou do humor. Mas um testemunho precisa de um estado civil. Antes mesmo de relatar o que vi, seria conveniente dizer com que olhos vi.

Escrever e ensinar história: este é, há quase 34 anos, o meu ofício. Ele me levou a folhear muitos documentos de épocas diversas para fazer, o melhor que pudesse, uma triagem entre o verdadeiro e o falso; e também a olhar e observar muito. Pois sempre pensei que o dever primeiro de um historiador, como dizia meu mestre Pirenne, é se interessar "pela vida". A atenção particular que dediquei, em meus trabalhos, à questão rural acabou por me convencer de que sem contemplar o presente é impossível compreender o passado; para um historiador das coisas do campo, ter bons olhos para observar as formas dos terrenos não é menos indispensável do que certa aptidão para decifrar velhos alfarrábios. São esses mesmos hábitos de crítica, de observação e, espero, de honestidade que tentei aplicar ao estudo dos trágicos acontecimentos nos quais acabei sendo um modesto ator.

A profissão que escolhi passa, normalmente, por vias menos aventureiras. Mas meu destino, comum nesse ponto ao de quase toda a minha geração, lançou-me por duas vezes, com 21 anos de intervalo, para fora desses caminhos tranquilos. Proporcionou-me uma experiência de amplidão, creio eu, bastante excepcional no que diz respeito aos diferentes aspectos da nação armada. Fiz duas guerras. Comecei a primeira em agosto de 1914, como sargento de infantaria: em plena tropa, portanto, e quase no nível de um simples soldado. E continuei, sucessivamente, como tenente, como oficial de informações ligado a um estado-maior de regimento e, enfim, com a patente de capitão, na função de ajudante de ordens de meu comandante. Minha segunda guerra foi vivida, a maior parte, na outra extremidade da escala: num estado-maior de exército, em contato frequente com o GQG.[1] Como se vê, passando através das instituições e dos ambientes humanos, não faltou variedade.

Sou judeu, se não pela religião, que não pratico, aliás como nenhuma outra, ao menos por nascimento. Não tiro disso nem motivo de orgulho nem de vergonha, sendo, espero, um historiador suficientemente bom para não ignorar que as predisposições raciais são um mito e que a própria noção de raça pura é um absurdo particularmente flagrante, quando pretende se aplicar, como aqui, ao que era na realidade um grupo de fiéis outrora recrutado em todo o mundo mediterrâneo, turco-cazaque e eslavo. Só reivindico minha origem num único caso: diante de um antissemita. Mas talvez as pessoas que venham a fazer oposição a meu testemunho tentem destruí-lo chamando-me de "meteco". Responderei simplesmente que meu bisavô foi soldado, em 1793;[2] que meu pai serviu em 1870, em

[1] Grande Quartel-General.

[2] Nota de Étienne Bloch: Em 13 de outubro de 1941, N. Tsatskin, tradutor juramentado do Tribunal do Sena, certificou a fidelidade da tradução em francês da seguinte carta em hebraico-iídiche do bisavô de Marc Bloch:

Estrasburgo, durante o cerco; que meus dois tios e ele deixaram voluntariamente a Alsácia natal, depois de sua anexação ao Segundo Reich; que fui criado no culto dessas tradições patrióticas, das quais os israelitas do êxodo alsaciano sempre foram os mais ardentes defensores; e, enfim, que

---

"Ao cidadão Wolf Bloch, nascido em Wintzenheim, distrito de Colmar, Departamento do Alto-Reno por Colmar.

Em Wintzenheim, carimbo: div ... exército do Norte.

Mayence, quinta-feira, 5º dia do mês de Tamuz do ano 5554 (junho de 1793). Meus cumprimentos a meu caro mestre e pai, de prenome Wolf, de reputação ilustre, e à minha cara mãe, sua digna esposa, Sarelé (Sarah), que Deus lhes dê vida longa. Não posso deixar de informar-lhes que gozo de boa saúde; quis o Eterno que o mesmo acontecesse com vocês durante longos anos. [*Seguem-se duas linhas ilegíveis*] ... Fomos os primeiros – os Voluntários, e os alemães abriram fogo contra nós. Como trememos de pavor... e [*duas palavras ilegíveis*] isso nos custou dez [?] mil homens. E dessa vez não era apenas um, mas [*várias palavras ilegíveis*]. Penso que é graças às suas boas ações e às de nossos ancestrais que consegui escapar. Podem imaginar em que estado nos encontrávamos. [*Seguem-se várias linhas ilegíveis*] ... Devo informar que em duas aldeias a população nos deu cerveja e pão. Não pudemos parar, mas atacamos impetuosamente as alturas de Mayence. Não gostaria de vê-los por lá. E Deus, que Seu Nome seja louvado, nos dirigiu para o bom caminho. Que Ele proteja os judeus de todas as desgraças.

Encontramo-nos diante de Mayence. Nem todos tinham o direito de entrar na cidade. Hoje fomos até lá com nosso capitão fazer um passeio e todos compraram um cachecol. Fomos os primeiros a ganhá-los.

Esperamos que, caso Deus ouça nossas preces e permita que retornemos ao lar, não voltemos de mãos vazias. Podemos não ter dinheiro, mas sempre temos piolhos; contudo, graças a Deus não preciso de dinheiro. Devo dizer que, enquanto vocês [*duas palavras ilegíveis*] nossos jardins, aqui temos jardins. Não temos jardins tão bonitos em Colmar. Costumamos devastá-los bastante. Colhemos todo dia ervilhas e cebolas e procuramos belos aspargos [?] verdes. Não podemos usá-los. Bem que eu gostaria que vocês também os tivessem. Devo dizer também que aqui conhecemos vários israelitas que sofrem com a escassez de carne. Nós podemos passar sem carne. Se Deus quiser, voltaremos logo [*três linhas ilegíveis*] e as coisas vão melhorar.

Quando estivermos em casa de novo, contaremos tudo em detalhes. Não vou demorar a mandar novas notícias. Enquanto isso, não se preocupem. Espero receber uma resposta de vocês em breve, se Deus quiser. Não economizem nas taxas do correio, pois também não farei isso. O endereço estará escrito na carta que receberão.

Getschel, filho de Wolf Bloch

Cordiais saudações a meus irmãos, Abram, Aron e Herzelé e Vogel; quero que todos me escrevam. Saudações cordiais a meu cunhado Mayer Hersch e à minha irmã Mme. Gitel, que Deus prolongue seus dias, e saudações a todos os bons amigos.

Nota do tradutor: O original está em mau estado e por isso certas passagens são pouco ou nada legíveis."

a França, de onde alguns hoje conspiram para me expulsar e talvez (quem sabe?) tenham sucesso, será sempre, aconteça o que acontecer, a pátria da qual não saberia arrancar meu coração. Nasci aqui, bebi na fonte de sua cultura, fiz de seu passado o meu, só respiro bem sob seu céu e tenho me esforçado, por meu lado, para defendê-la o melhor que puder.

Um jovem oficial me disse, quando conversávamos na soleira de uma porta, em Malo-les-Bains bombardeada: "Esta guerra me ensinou muitas coisas. Sobretudo esta: há militares de profissão que nunca serão guerreiros; e civis que, ao contrário, por sua própria natureza, são guerreiros." E acrescentou: "Devo confessar que jamais suspeitaria disto antes de 10 de maio: o senhor, o senhor é um guerreiro." A fórmula pode parecer ingênua. Mas não creio que seja totalmente falsa; nem em suas aplicações gerais, nem, se me interrogo com sinceridade, no que me diz respeito pessoalmente. Um médico do exército, que foi meu companheiro no 4º bureau do estado-maior, gostava de brincar comigo gentilmente acusando-me, a mim, um velho professor, "de ter mais espírito militar que qualquer um": o que, aliás, significava simplesmente, imagino eu, que sempre tive gosto pela ordem no comando. Retornei da guerra anterior com quatro elogios em folha; penso que não me engano ao supor que, se a entrada inopinada dos alemães em Rennes não tivesse cortado pela raiz as propostas do I Exército, não voltaria para casa depois desta guerra sem uma medalha a mais em minha túnica.[3] Em 1915, depois de uma convalescença, retornei ao front antes da hora, como voluntário. Em 1939, quis continuar em atividade, apesar da idade e dos seis filhos, que há muito tempo me conferiam o direito de pendurar o uniforme. Tais fatos e testemunhos não me envaidecem: vi muita gente corajosa e humilde cumprir seu dever, sem ênfases, muito melhor do que eu e em condições mais difíceis. Simplesmente, se mais tarde, diante de certas afirmações de uma franqueza meio rude, o leitor se sentir tentado a reclamar de falta de isenção, peço apenas que se recorde que este observador, inimigo da indulgência frouxa, não serviu

[3] Nota de Marc Bloch: O elogio constou da ordem do dia do corpo de exército. [Julho de 1942]

contra a vontade e não foi, de modo algum, considerado um mau soldado por seus chefes ou camaradas.

Eis então o balanço exato do que pude fazer e, consequentemente, ver na última guerra.

Como disse antes, recusei-me várias vezes, no intervalo entre as duas guerras, a fazer uso das disposições legais que poderiam me livrar de qualquer obrigação militar. Mas, embora inscrito desde 1919 no serviço do estado-maior, nunca aceitei fazer nenhum dos cursos denominados "de aperfeiçoamento". Em princípio, reconheço que errei. Minha desculpa é que aqueles anos coincidiram precisamente com o período da minha vida em que, bem ou mal, produzi o essencial de minha obra de historiador, o que me deixava muito pouco tempo livre. Meu consolo fui adquiri-lo nas próprias experiências do campo: certamente, o reflexo do ensino da Escola de Guerra, ao qual me subtraí, teria me inspirado poucas ideias justas. Como o exército daquele tempo apreciava sobretudo os bons alunos, nunca me perdoou pela decisão obstinada de fazer gazeta. Chegou mesmo a me castigar duplamente. Capitão em 1918, continuava a sê-lo em 1938, quando de minha primeira mobilização. E capitão ainda o era em agosto de 1939, apesar de uma recomendação de promoção assinada pelos chefes que me viram trabalhar; capitão sempre, quando, em 11 de julho de 1940, entrei para a reserva. Esse foi o meu primeiro castigo, que não me despertou rancor nem tristeza. O segundo me atingiu na designação de minha mobilização.

Pertencia anteriormente, no papel, a um 2º bureau de corpo do exército: como o 2º bureau era o que se encarregava da informação, não me pareceu ser, devo confessar, um emprego tão ruim para um historiador; depois, mais modestamente, fui designado para um estado-maior de infantaria divisionária. Mas, em seguida, fui afastado das unidades dos exércitos para mergulhar nos inglórios serviços de território: mais precisamente, o estado-maior de um grupo de subdivisões. Grupo que, na verdade, tinha sua sede em Estrasburgo, que na época todos consideravam o provável primeiro alvo das bombas alemãs. Seria um pouco deselegante de minha parte, pensava eu, tentar escapar de uma designação localizada nessa área.

Tal sentimento, confirmado pela preguiça natural à qual sucumbo com facilidade sempre que se trata de minha própria pessoa, impediu-me de fazer alguma coisa para tentar obter melhor colocação. Um pouco antes da guerra, um amigo se esforçou para que eu fosse transferido para o 2º bureau do GQG, mas não conseguiu a tempo. Depois de cumprir dois breves períodos de instrução, fui convocado para o grupo de subdivisões de Estrasburgo em setembro de 1938, por ocasião do alerta de Munique; em seguida, pela segunda vez, em março seguinte, só por algumas horas (minha convocação me pegou em Cambridge, de onde tive que regressar às pressas); enfim, em 24 de agosto do mesmo fatídico ano de 1939.

No fim das contas, não lamentei demais essa designação. O trabalho de um estado-maior de grupo de subdivisões é, em si, bastante morno. Mas é um bom observatório para uma entrada em guerra. Pelo menos, e esse foi o caso, durante as duas ou três primeiras semanas. A mobilização propriamente dita acontecia em grande parte sob nosso controle. O que se passava em seguida nos estados-maiores do mesmo tipo que funcionavam no interior do país? Imagino que, uma vez esgotada essa primeira febre, eles conservaram, apesar de tudo, certa atividade, feita de uma interminável papelada e muitas pequenas histórias. O nosso, que logo deixou Estrasburgo, retirando-se para Molsheim, ao pé dos Vosges, implantou-se mais uma vez em plena zona dos exércitos. Quando o IV Exército finalmente decidiu, com uma lentidão a bem dizer espantosa, estabelecer seus próprios órgãos de comando, nosso papel, já progressivamente diminuído, reduziu-se a quase nada. Vivemos então uma sucessão de dias intermináveis e letárgicos. Éramos cinco: um general de brigada, um tenente-coronel, dois capitães e um tenente. Posso nos ver ainda hoje, face a face em nossa sala de escola, todos concentrados num mesmo desejo: de que algum papel, trazido por um inesperado correio, nos fornecesse enfim a oportunidade de redigir outros papéis. O mais jovem dos dois capitães era o mais satisfeito: distribuía os salvo-condutos! Um historiador não costuma se entediar com facilidade: é sempre possível recordar, observar, escrever. Mas quando toda a nação está em luta, a inutilidade é um sentimento insuportável.

Nosso general pertencia aos quadros da reserva. Acabaram devolvendo esse excelente homem às suas ocupações, ou seja, basicamente à vara de pescar. E o resto do estado-maior fundiu-se com o do grupo de subdivisões de Saverne. Pessoalmente, no entanto, não passei mais de dois dias naquela amável cidadezinha, então congestionada. Havia descoberto uma via de acesso a um alto personagem do GQG. Obter uma melhor colocação através de "contatos" não pode ser incluído entre os atos dos quais alguém se orgulhe. Mas era culpa minha se não havia nenhum outro meio de encontrar um emprego mais útil para minha boa vontade? Graças a esse poderoso intercessor, recebi no início de outubro uma comunicação de transferência. Fui designado para o estado-maior do I Exército e me apresentei sem demora em Bohain, na Picardia.

A ordem do GQG me designava para uma função bastante precisa: oficial de ligação com as forças britânicas. Faria parte, sob essa designação, do 2º bureau. Mas logo chegaram mais dois capitães, precedidos por ordens que definiam suas funções em termos idênticos, palavra por palavra, às minhas. O chefe do estado-maior considerou que havia excesso: mais valia, concluiu, que cada um dos principais órgãos do exército dispusesse de seus próprios meios de contato com nossos vizinhos do corpo expedicionário. Resolveu então nos dividir entre os diversos bureaux, com exceção apenas do 1º, cuja função de cuidar dos efetivos e da disciplina não comportava janelas para o exterior. No que me diz respeito, fui para o 4º, encarregado da circulação, da mão de obra e das provisões. Mantive, a princípio, a mesma função, meio de informação, meio de diplomacia. Veremos mais adiante como, muito infelizmente e contra a minha vontade, essas atribuições se revelaram, com o passar do tempo, mais e mais insignificantes. Iria eu cair de novo na ociosidade que me fizera sofrer anteriormente? Já estava desolado quando o oficial encarregado do abastecimento de combustíveis foi transferido para outro posto e fui designado para substituí-lo.

E lá estava eu, transformado de um dia para outro no grande senhor dos combustíveis do exército mais motorizado de toda a frente francesa. Minha primeira impressão foi de pânico: pois estava bem consciente de que a função acarretaria, em caso de operações ativas, as mais pesadas responsabilidades, e eu ignorava até mesmo as noções mais básicas sobre o assunto. "Tomara, escrevi à minha mulher, que Hitler fique tranquilo ao menos por algumas semanas!" Mas não há, creio eu, nenhum posto de direção para o qual um homem com o espírito razoavelmente claro não possa se preparar, se trabalhar com afinco. Aprendi meu novo ofício o melhor que pude. E nesse esforço tive muita sorte: encontrei no comandante do parque de combustíveis do exército o guia mais seguro e mais desinteressado. Esta é a primeira vez que escrevo aqui o nome do capitão Lachamp, mas certamente não será a última. O gosto amargo que esta guerra, malconduzida e ainda mais mal-encerrada, me deixou na boca só torna mais caras para mim as suas raras lembranças luminosas. Encontrar um homem verdadeiramente homem é sempre uma alegria; trabalhar com ele numa perfeita comunidade de intenções e sentir tal colaboração desabrochar pouco a pouco numa sólida amizade é uma das mais preciosas recompensas da ação.

A bem dizer, minhas novas funções não me deram muito trabalho durante o período de aprendizagem. Depois disso, deslizei, como todos os meus camaradas, para a vida sem sobressaltos de um burocrata do exército. Não estava ocioso, é verdade; também não estava muito ocupado e minhas necessidades cotidianas exigiam somente uma pequena dose de excitação cerebral. Pude, felizmente, acrescentar-lhes durante algumas semanas uma tarefa suplementar escolhida voluntariamente. Percebi que só tínhamos algumas informações absurdamente insuficientes sobre os depósitos de combustível situados em território belga: ignorância perigosa para um exército cuja missão específica, conhecida por todos, exigia a penetração no território da Bélgica caso os alemães, por seu lado, violassem as fronteiras. Algumas relações pessoais me permitiram completar e corrigir sensivelmente esse dossiê. Foram necessárias várias tratativas, e minha experiência em ambientes de estado-maior rendeu bons frutos. Aprendi, em especial, como nos meios burocráticos se traduz, quando se quer ser gentil, aquilo que em bom francês é conhecido simplesmente como "se meter onde não é chamado" – já que, em resumo, a pesquisa que resolvi fazer, por mais úteis que pudessem ser os resultados, não fazia parte de minhas atribuições regulares. Deve-se dizer, apoiando a frase num discreto sorriso: "ter dinamismo."

Mas esse trabalho durou apenas algum tempo. Limitando-me em seguida, dia após dia, a recensear latões ou a calcular com conta-gotas as alocações de combustível, tive de novo, talvez equivocadamente, a sensação de que tudo aquilo de que podia dispor em termos de forças intelectuais e de espírito empreendedor não estava sendo bem-empregado. O tédio dos longos meses do inverno e da primavera de 1939-40, que roeu tantas inteligências, caiu pesadamente sobre a pacata Bohain. Por meu lado, mais ou menos intoxicado por esses venenos sutis, pensava seriamente, confesso, em procurar outra coisa, quem sabe solicitando, assim que o verão terminasse, permissão para retomar simplesmente o meu posto na Sorbonne, quando a tempestade de 10 de maio desabou.[4]

Nada revela melhor quanto o ataque foi inesperado do que uma pequena lembrança pessoal. Tinha viajado a Paris no dia 9, para partir na manhã seguinte rumo a Meaux. Lá pretendia obter, no Serviço de Combustíveis do Estado-Maior Geral, alguns carnês daqueles cupons de combustível que, distribuídos às unidades sob meus cuidados, permitiriam que elas administrassem regularmente as suas receitas. Quando cheguei a Meaux, ignorava completamente os acontecimentos da última noite. Naturalmente, os cavalheiros do GQG ficaram muito espantados quando viram surgir diante deles, naquela conjuntura e para uma missão tão pouco bélica, um oficial vindo exatamente de um dos exércitos do front belga. Depois de alguns minutos de quiproquó, entendi finalmente a razão daquela recepção meio esquisita: foi só o tempo de correr para a estação, atravessar Paris e, tomando de assalto um trem inacreditavelmente lotado, retornar finalmente a meu posto.

Decidi não entrar em detalhes aqui a respeito do que foram as três semanas que se seguiram. Chegará a hora, em breve, de analisar as lições que proporcionaram. Algumas imagens, escolhidas entre as muitas que se

[4] A ofensiva alemã contra a Bélgica, os Países Baixos e a França teve início no dia 10 de maio, às 4h45.

amontoam em minha memória, serão suficientes para balizar o percurso daqueles dias e noites, todos permeados pela grande tragédia que foi a campanha do Norte.

Eis, para começar, o liceu feminino de Valenciennes, escolhido para ser nosso posto de comando inicial, antes daquele PC belga previsto no projeto da manobra e que nunca ocupamos. Ali perto, podíamos contemplar com olhos ainda frescos as casas arruinadas pelo primeiro bombardeio. Consegui escapar para duas excursões na Bélgica. Meu temperamento nômade, nem sempre aprovado por meus chefes, sabia apreciá-las. No dia 11, fui somente até Mons. No dia 12, bem mais longe, em direção a Nivelles, Fleurus e Charleroi. Ao longo das estradas, aproveitando os feriados de Pentecostes, os mineiros de Borinage aclamavam os carros franceses na soleira de suas portas. Dispostos em pequenos vales enfeitados por verduras primaveris, eram adoráveis os campos onde outrora, em torno de Ligny e de Quatre-Bras, lutara o exército de Ney.[5] Mas, nos acostamentos, longas filas de civis expulsos da região de Liège já empurravam os clássicos carrinhos das populações evacuadas, cheios de bagagens as mais heteróclitas e, sintoma ainda mais inquietante, soldados belgas debandados começavam a deslizar furtivamente entre as aldeias. Em seguida, depois das primeiras esperanças, vieram as primeiras angústias. Começamos a falar da brecha do Meuse. Tivemos que tentar abastecer por ali as divisões lançadas na batalha e que logo em seguida se volatizariam. Por fim, com o exército empurrado para o sudoeste, o estado-maior se retirou, em 18 de maio, para Douai.

Permanecemos ali por menos de dois dias, mais uma vez numa escola, às portas da cidade: alojados, já em Bohain, numa escola feminina, estávamos decididamente destinados aos locais pedagógicos. As bombas choviam pesadamente ao nosso redor, sobre a estação, as ruas principais, os campos de aviação. Enquanto isso, quase todo dia era informado de que mais um depósito de combustível, entre os da retaguarda, caíra nas

[5] No dia 16 de junho de 1815, Napoleão venceu Blücher em Ligny; enquanto isso, Ney fracassava ao tentar expulsar Wellington de suas posições em Quatre-Bras. No dia 18, começou a batalha de Waterloo.

mãos dos alemães. Nossos belos tanques de Saint-Quentin e de Cambrai, que reservamos zelosamente para garantir através do envio progressivo para a frente o abastecimento das unidades de combate, e nossos caros depósitos "do interior", onde os latões eram escondidos astuciosamente sob as árvores dos parques ou os telhados das olarias abandonadas – o exército não poderia contar com mais nada disso. Não tardou para que tivéssemos que fazer as malas novamente. Decidimos inicialmente que eu ficaria com mais dois camaradas em Douai, num PC avançado. Mas essa missão, como muitas outras, durou apenas algumas horas; e cortando o país sombrio, entre os escombros, alguns deles desmoronados de maneira bizarra pelas bombas e já sem a nitidez de suas linhas arquitetônicas, cheguei a Lens, nossa quarta e última escola (19 de maio).

Dessa vez era uma escola maternal. Feito sob medida para a primeira infância, o mobiliário não nos deixava escolha entre dois tipos de curvatura: o cansaço da posição vertical, indefinidamente prolongada, ou as contorções de um corpo sentado num espaço estreito demais, cujos joelhos, dobrados na altura do ventre, se esfolavam na borda da carteira. Ainda por cima, nem sempre era fácil escolher: a necessidade de escrever alguma nota de serviço o obrigou a sentar? – pois para conseguir se livrar da canga terá de fazer longos esforços. Esse estranho suplício, a feiura da paisagem, a sujeira invasiva da poeira de carvão, tudo naqueles lugares tristes parecia combinar com a nossa angústia crescente. Horrível PC aquela escola de Lens, apropriada mesmo para uma derrota! Será que algum dia esquecerei o entardecer do dia 20 de maio? Na noite que caía, enquanto Arras queimava, fumegando ao longe, vi meu chefe de bureau se aproximar de mim. Ele me disse, a meia-voz, apontando com o dedo a embocadura do Somme num mapa escolar pendurado na parede:[6] "Os boches estão aqui!" Depois, se voltou, murmurando: "Não conte isso por aí." Eu tinha acabado de tentar falar com o GQG pelo telefone; confesso

[6] A ofensiva alemã, vinda de Ardennes, visava isolar o grupo de exércitos do Norte francês, enviado à Bélgica através de um amplo deslocamento que evocava o movimento de uma foice. No dia 20 de maio, quando uma divisão Panzer atingiu Abbeville, no estuário do Somme, a manobra se completou.

que só depois de repetir inúmeras vezes a tentativa entendi quanto a expressão "um exército cercado" está carregada de abandono.

Migramos em seguida (22 de maio) para o norte, para Estaires-sur-la-Lys. Essa encruzilhada, no entanto, era pouco segura. Os pilotos alemães não estavam tentando atingir especificamente os estados-maiores, mas seria muita presunção esperar que nos evitassem. Já na primeira tarde, uma bomba, mesmo sem cair diretamente no hotel em que estávamos hospedados, abalou a chaminé e as paredes com força suficiente para cobrir nossas roupas, nossos papéis e nossos rostos com uma inominável fuligem. O aviso foi entendido. Em plena noite, uma ordem de partida me tirou da cama onde, pela primeira vez em muitos dias e pela última naquela campanha, gozava do doce repouso que só os lençóis de verdade podem proporcionar. Isso tudo, aliás, para só colocarmos o pé na estrada bem depois do nascer do dia – a arte tão necessária do repouso faltava sempre em nosso estado-maior. Naquela manhã, depois de cobrir um circuito bastante longo, destinado como sempre a reunir meu parque de combustíveis, cheguei ao castelo de Attiches, ao sul de Lille, onde meus camaradas já estavam reunidos (23 de maio).

No meio de um lindo parque, o castelo era uma construção pesada, com a fachada coberta por cerâmicas horríveis e mobiliada num estilo opulento, sombrio e vagamente medieval, cenário obrigatório para a alta burguesia do final do século passado, de uma existência pretensamente senhorial. Num canto da sala de jantar onde trabalhávamos, o castelão, numa gentileza que todos julgamos prematura, tinha amontoado toda uma série de coroas funerárias. Foi lá que, na tarde do dia 23, nosso 4º bureau se dividiu, definitivamente, em duas seções. Uma, inserindo-se nas fileiras da retaguarda, partiu imediatamente para a costa, para regularizar o abastecimento por mar. A outra – na qual estava eu – ficou no local, junto com o comando do exército. A mais afastada do front estava destinada a sofrer os bombardeios mais violentos. Foi uma ironia do destino que naquele momento ninguém, creio, tenha sido capaz de prever isso. Na maior inocência, tomávamos a frente, onde estávamos, como o setor mais ameaçado pelas bombas – na verdade, elas não pararam de cair a nosso redor –, sobretudo por sermos os que corriam maior risco de captura. E, como a fileira de retirada, que certamente contava com alguns homens de indiscutível coragem mas também outros para os quais essa retirada não parecia nada desagradável, tínhamos o sentimento de formar, mais perto da linha de fogo, uma pequena sociedade seleta onde sempre reinou uma atmosfera de cordialidade e apoio mútuo. Mesmo assim, um de nossos camaradas, simples tenente da reserva, mas presidente de uma grande câmara de comércio do norte na vida civil, recusou-se ousadamente a obedecer a ordem de partir para o litoral. Nosso subchefe de bureau, que, por uma estranha contradição diante dos costumes militares mais tradicionais, acompanhava o próprio chefe no recuo para a retaguarda, viu com péssimos olhos uma atitude tão contrária à sua. Branco de cólera, pôs o rebelde diante da mais alta autoridade do estado-maior. E, para sua grande surpresa, foi obrigado a ver essa corajosa desobediência ser aprovada.

Outra cena permanece até hoje em minha memória ligada à sala de jantar de Attiches: na verdade, um dos mais horríveis espetáculos humanos a que já assisti. Durante uma manhã inteira contemplamos, prostrado numa cadeira perto da porta, um personagem que, com o rosto abatido e os olhos apagados, ruminava incontáveis cigarros. Nenhuma insígnia estava claramente visível em sua manga e os passantes esbarravam nele sem lhe dar mais atenção do que dariam a uma simples sentinela. Era, no entanto, um general de divisão colocado, ainda na véspera, à frente de uma de nossas mais brilhantes unidades. Mas era um chefe destituído depois de algumas horas de comando. Por bebedeira, murmurava-se, com ou sem razão. Esperava para ter uma última entrevista longamente adiada com o comandante do exército. Foi recebido finalmente por volta do meio-dia. A entrevista não durou mais que alguns minutos e nunca mais revimos o nosso hóspede daquela manhã lamentável.

Em seguida veio (depois do dia 26) o nosso último PC: do outro lado de Lille, na direção noroeste, em Steenwerk, uma casa de campo adorável, clara e distinta. Na casa vizinha morava o general Prioux.[7] Ele tinha aca-

[7] Anteriormente, quando da execução da "manobra Dyle", na Bélgica, o general Prioux (1879-1953) comandava um corpo de cavalaria (duas divisões mecânicas ligeiras). Enfrentou duros combates de tanques.

bado de assumir o comando do exército, no lugar do general Blanchard,[8] que passou para o grupo de exércitos. O cerco inimigo se tornava cada vez mais cerrado e começava-se a pensar na possibilidade de destruição, pelo fogo, dos importantes depósitos de combustível de Lille.

Passei todo o dia 27 e a noite seguinte tentando obter uma decisão final. Houve nada mais nada menos do que quatro ordens e contraordens sucessivas. A última, que mandava destruir tudo, quase não atingiu seu destino. Meu motociclista partiu durante a noite. Jamais chegou. Qualquer que tenha sido a sua sorte, não tenho o direito de ter remorsos. Meu dever era garantir o envio da mensagem. E faltaria com minha obrigação se resolvesse levá-la eu mesmo. No entanto, como evitar uma pontada no coração ao pensar que, sob uma ordem minha, um bravo rapaz talvez tenha encontrado a morte? A guerra anterior já tinha carregado minha memória de algumas lembranças desse tipo: encontro nelas um material para me martirizar em minhas vigílias até que minha consciência se apague totalmente. Felizmente, pude reenviar a ordem e a grande fogueira foi acesa a tempo.

Bem na hora, pois o exército já se retirava para além do Lys e, de lá, para a costa. Porém, não partiu completo: na noite do dia 28, o general Prioux nos fez saber que, perdidas as esperanças de garantir a retirada de pelo menos duas de suas divisões, tinha decidido permanecer em Steenwerk para esperar o inimigo. Mantendo a seu lado apenas alguns oficiais, convidou a maioria de nós a partir durante a noite para o litoral, a fim de embarcar. Fui a seu encontro pouco depois para pedir que confirmasse a ordem de esvaziar, incapacitar e abandonar os caminhões-tanque. Seria privar o exército de suas últimas gotas de combustível e não achei que pudesse tomar sozinho uma decisão tão grave, embora ela derivasse claramente de outras disposições do momento. Nosso grande chefe media, melancolicamente, em passos largos, o vestíbulo de sua casa: triste sorte, a bem da

---

[8] O general Blanchard (1877-1954), à frente do I Exército no começo da campanha da França, foi nomeado comandante do grupo de exércitos do Norte três dias depois do acidente (21 de maio de 1940) que custou a vida do general Billotte.

verdade, a deste homem, afastado do corpo de cavalaria que comandou, creio eu, com muita honra, para assumir na última hora a direção de um exército em retirada e aceitar, no lugar do verdadeiro responsável pela derrota, o ingrato destino de prisioneiro!

Voltei em seguida à nossa casa. Durante o dia, tinha queimado meus arquivos, conforme as instruções recebidas, inclusive o caderno que narrava, dia a dia, toda a história de meu serviço. O que eu não daria hoje para ter em mãos aquele querido caderno verde! Também joguei no fogão da cantina a minha correspondência pessoal – era proibido sobrecarregar-se de bagagens – e escolhi para levar comigo em minha mala de campanha alguns objetos particularmente preciosos ou úteis. Dos quais esqueci, aliás, três quartos. Pelo menos pude trocar minha velha vestimenta de trabalho por uma roupa em melhor estado. Mais feliz, nesse caso, que o general comandante da artilharia do exército. Esse homem digno, que, por uma questão de honra talvez excessiva, resolveu ficar com o general Prioux, não dispunha mais de suas malas, prematuramente enviadas a Dunquerque. Só lhe sobrou a túnica que estava vestindo e que estava furada no cotovelo. Ele se lamentava em voz alta: ser feito prisioneiro, ainda passa: mas em farrapos! Ria quem quiser, mas por meu lado confesso que encontro certa nobreza nesse sentimento.

Partimos então durante a noite, numa longa e lenta coluna de carros que deslizava pelo território belga, uma vez que as estradas francesas já estavam impedidas. Ao nascer do dia, mal tínhamos percorrido uma dezena de quilômetros. Como conseguimos escapar dos batedores motorizados do inimigo? Ainda hoje não consigo explicar isso. No entanto, o fato é que, ora de carro, ora a pé, cheguei no final da manhã a Hondschoote. Faltava alcançar a costa. Uni meus esforços aos do capitão Lachamp, que encontrei no local, para tentarmos nos juntar ao grande grupo do parque de combustíveis, que partira bem antes de nós e tinha em Bray-les-Dunes o seu ponto de encontro. De carro, tentamos a estrada de Furnes. Fomos surpreendidos, primeiro, com pontes já bloqueadas, em seguida, na via principal, com um inacreditável engarrafamento de caminhões, parados, a frente de um na traseira do outro, em filas de três. Atrás deles, um oficial de uma unidade de tanques, argumentando uma missão urgente, pedia passagem aos berros. E nos esforçamos durante mais de uma hora para tentar abrir pelo menos uma brecha. Um general de divisão que encontrei por acaso perguntou o que eu fazia ali. Assim que o informei, ele se deixou recrutar para nos ajudar e trabalhou, devo dizer, muito bem. Nossos esforços finalmente deram resultado. Mas era tarde demais para tentar prosseguir viagem – mesmo porque, quem poderia garantir que não toparíamos, logo adiante, com novos obstáculos? – e a única coisa que nos restava era retornar a Hondschoote.

Partimos de lá ao cair da noite, dessa vez a pé e por um trajeto mais direto: um pedestre podia passar por trilhas em que um carro não conseguiria. Marcha terrível, pelo menos nos dez últimos quilômetros, percorridos no meio de gigantescos engarrafamentos de caminhões que mal podiam ser vistos numa escuridão cada vez mais densa. O parque estava realmente em Bray. Ofereceram-me hospitalidade numa casa abandonada. Ofereceram-me até mesmo bebida. Infelizmente todo o litoral, cercado por trás por pântanos e canais invadidos pelo sal, encontrava-se agora, em consequência da ruptura de tubulações, quase desprovido de água – perto dali, os cirurgiões do hospital de Zuydcoote sabiam disso melhor que nós. Para matar a sede, dispúnhamos somente de uma taça de champanhe. Como um bom gole numa fonte bem fresca adoçaria minha goela sedenta!

Como o exército tinha deixado de existir, eu não tinha mais nenhuma função nos serviços de estado-maior. Mas ainda estava encarregado das almas. Com certeza, não comandava o parque de combustíveis nem as suas companhias de caminhões-pipa, mas tinha trabalhado tempo demais junto daquela brava gente para pensar que tinha o direito de tratar apenas de mim mesmo antes de garantir seu destino, ou seja, seu embarque, pois essa era a única preocupação de todos naquele momento. Fugir daquela costa maldita antes que o inimigo forçasse nossas últimas defesas; escapar da captura pelo único caminho que ainda estava livre, pelo mar: uma verdadeira febre de evasão tomou conta daquela multidão de homens quase completamente desarmados que podiam ver, das margens onde estavam amontoados, os ingleses se fazendo ao largo antes deles. Passei a maior parte do dia 30 tentando garantir para meus clientes uma vaga definitiva nas listas de partida. Para começar, passei uma parte da manhã em Bray-les-Dunes, que acumulava uma multidão desordenada de soldados correndo atrás de suas unidades e de caminhões que recebiam motoristas de ocasião que muitas vezes os abandonavam algumas centenas de metros adiante. Mais uma vez assumi a organização do trânsito, esforçando-me sem grande sucesso para envolver numa atividade mais eficiente os desastrados policiais, absurdamente embolados, aos montes, no centro dos cruzamentos. Depois, fui visto no cabaré do "Perroquet", na fronteira belga, sede durante algumas horas de um efêmero comando de zona, e em Malo-les-Bains, onde reencontrei os principais elementos de meu 4º bureau. Minha noite terminou no acampamento, nas dunas. Os obuses alemães davam o ritmo de nosso repouso. Por sorte, os metódicos artilheiros não paravam de alvejar com precisão sempre o mesmo ponto, à esquerda do hotel de Malo-Terminus. As primeiras bombas fizeram muitas vítimas. Depois, ninguém mais passou por lá ou só passou correndo. Se a pontaria tivesse sido menos certeira, que massacre fariam em nossa cama de areia, entre a vegetação rasteira!

Na manhã seguinte, obtive a confirmação de que meu pessoal embarcaria. Como poderia prever que uma bomba afundaria o navio? A maioria – nem todos, infelizmente! – pôde ser salva. Nada mais impedia, portanto, que tratasse de meu próprio destino. Nosso antigo subchefe de estado-maior, que nos dirigia então, não demonstrava muita pressa em deixar que seus ajudantes de campo partissem antes dele. Ele me autorizou, no entanto, a me virar. A palavra soou muito mal a meus ouvidos. Tratava-se de me enfiar sorrateiramente no lugar de alguém? Felizmente, no começo da tarde, a boa vontade do comandante do corpo de cavalaria permitiu que obtivesse, com mais dois camaradas, uma ordem de missão regular. Tínhamos apenas que encontrar o navio ao qual estávamos destinados.

Um erro de informação fez com que meus dois companheiros de estrada e eu tivéssemos que cruzar Dunquerque duas vezes, primeiro de leste a oeste e depois em sentido contrário. Guardo uma lembrança muito intensa da cidade em ruínas, com suas fachadas ocas sobre as quais flutuavam vagas fumarolas e, espalhados em suas ruas, menos cadáveres do que destroços humanos. Ainda tenho nos ouvidos o estrondo inverossímil que, como no *finale* de uma grande ópera, povoava com sua sonoridade nossos últimos minutos nas fronteiras de Flandres: explosões de bombas, explosões de obuses, tac-tac de metralhadoras, tiros de artilharia antiaérea e, para escandir ainda melhor a sinfonia, o ritmo obstinado do pequeno canhão-revólver de bordo. Mas devo confessar que, quando evoco aquela jornada do dia 31, não são essas imagens de horror e perigo que aderem com mais força à minha memória. Rememoro, antes de tudo, nossa partida do cais. Um admirável entardecer de verão desenrolava seus encantos sobre o mar. O céu de ouro puro, o calmo espelho das águas, a fumaça escura e ruiva que, escapando da refinaria em chamas, desenhava acima da costa baixa arabescos tão belos que esquecíamos sua trágica origem e até o nome escrito na popa do nosso barco, que parecia nome de conde hindu – *Royal-Daffodil* (Junquilho do Rei); tudo na atmosfera desses primeiros minutos de viagem parecia conspirar para tornar ainda mais plena a alegria egoísta e irresistível de um soldado que consegue escapar da captura.

Em seguida, após nosso desembarque em Douvres, foi a vez de um trajeto de trem que durou o dia inteiro, através do sul da Inglaterra. Ele me deixou a lembrança de um longo torpor, cortado por um desfile incoerente de sensações e de imagens que, assim como os episódios de um sonho, mal aflorava a consciência e já caía no esquecimento: prazer de devorar às dentadas os sanduíches de presunto ou de chester entregues na porta por *girls* com uniformes multicoloridos ou por *clergymen* tão dignos que pareciam estar distribuindo a comunhão; perfume levemente doce dos cigarros oferecidos com a mesma profusão; acidez das limonadas, insipidez de um chá com demasiado leite; suavidade dos gramados, paisagens de parques, flechas de catedrais, sebes e rochedos de Devon; gritos das crianças reunidas na passagem de nível. Diante de tantas atenções, meus camaradas comentavam: "Eles são realmente muito gentis!" No final da tarde, reembarcamos em Plymouth para voltar a deitar âncoras, ao amanhecer, diante de Cherbourg. Lá tivemos que suportar longas horas de espera. "Sabem como é", diziam os oficiais do barco, dessa vez francês, que nos transportava, "esses cavalheiros do comando militar do porto não chegam ao trabalho antes das nove horas." Reencontrávamos, ai de nós, a França militar da retaguarda. Fim dos hurras, fim dos sanduíches e dos cigarros. Ao contrário, uma vez em terra, uma recepção bem oficial, bem seca, um pouco desconfiada; como local de repouso, um campo pouco acolhedor e sórdido onde apenas algumas senhoras da Cruz Vermelha representavam uma nota de boa vontade. Em seguida, depois de sacolejar de novo em vagões bastante desconfortáveis, chegamos a Caen no meio da noite, onde ninguém parecia estar à nossa espera, mas onde, felizmente, existiam bons hotéis e até mesmo banheiros.

Como tentamos refazer, com os restos de um exército, alguma coisa que ainda pudesse servir; como e por que não obtivemos sucesso – teremos ocasião, mais adiante, de refletir sobre essa melancólica história. Depois de uma estada bastante longa na Normandia, desembarcamos no dia 16 de junho em Rennes. O I Exército não estava mais lá. Mas seu estado-maior, ou o que restava dele, estava à disposição do general que comandava o "grupamento" recém-constituído para defender, diziam, a Bretanha. No dia 17, Rennes foi bombardeada por aviões. Estávamos alojados bem longe da zona alvo das bombas; e, embora o formidável abalo, mesmo distante, provocado pela explosão de um depósito de chedita quebrando todos os vidros a nosso redor tenha por um instante colocado em questão a minha escala de distâncias, pude me tranquilizar rapidamente. "É doce", diz o poeta latino, "ouvir a tempestade quando se está tranquilo na margem." Citação banal, talvez uma confissão odiosa: que soldado, no entanto, apurando o ouvido diante de um estrondo que não pode atingi-lo, não sentiu, ele também, o coração se dilatar lá no fundo do peito num alívio instintivo?

No dia 18 de manhã, espalhou-se o boato de que o inimigo se aproximava. Nosso gabinete ficava numa avenida, na parte alta da cidade. Do outro lado da calçada, uma rua descia para o Centro. Meu ordenança estava alojado lá. Por volta das onze da manhã, fui lhe pedir que fizesse minhas malas rapidamente. Depois de deixá-lo, estava subindo a rua quando notei, ao fundo, uma coluna alemã desfilando pela avenida: entre mim e o gabinete, portanto. Nenhum tiro disparado. Soldados franceses e oficiais olhavam. Soube mais tarde que quando os alemães topavam por acaso com um soldado armado, limitavam-se a obrigá-lo a quebrar o fuzil e jogar fora os cartuchos. Mas há muito tempo eu estava ferrenhamente decidido a tentar o que fosse possível para não cair prisioneiro. Se ainda pudesse acreditar que seria útil, teria tido, espero, a coragem de permanecer em meu posto. Na ausência de qualquer resistência, minha inutilidade se tornava flagrante, ou melhor, eu tinha a clara impressão de que o único meio de continuar, de alguma maneira, a servir ao meu país e aos meus era tentar escapar antes que a armadilha se fechasse completamente.

Tentar fugir para o oeste – supondo que ainda fosse possível encontrar uma estrada livre – significaria apenas, tudo indicava, ser pego mais adiante, no beco sem saída da península. Para o sul também havia o grande risco de não conseguir atravessar o Loire. Pelo menos era o que eu pensava naquele momento. Soube depois que, contra todas as expectativas, os alemães só ocuparam Nantes no dia seguinte. Será que teria conseguido chegar até lá, e como? Cheguei a pensar também que conseguiria embarcar para a Inglaterra em Brest. Mas teria eu o direito de abandonar meus filhos para um exílio indefinido? Fosse como fosse, depois de alguns minutos de reflexão, na calçada da rua íngreme, escolhi a saída que me pareceu mais simples e, portanto, mais segura. Tirei a túnica – a calça de tecido cru nada tinha que pudesse identificar o uniforme. Consegui sem esforço um paletó e uma gravata de meu proprietário, que, tanto quanto o filho, deu na ocasião provas de muita coragem. Em seguida, depois de contatar um de meus amigos, professor em Rennes, consegui um quarto num hotel. Considerando que não há melhor modo de se esconder do que usar o próprio personagem, anotei meu nome verdadeiro e minha profissão na ficha que me deram. Meus cabelos grisalhos garantiam que ninguém pensaria em procurar, sob o professor universitário, um oficial. A menos que a Kommandantur tomasse a iniciativa de comparar as listas dos hotéis com as dos quadros do exército. Mas parece que tal ideia nem lhes passou pela cabeça. Nossos senhores já estavam, sem dúvida, bastante entediados das alegrias de fazer prisioneiros.

Assim, passei uma dúzia de dias em Rennes. Na rua, no restaurante, no próprio hotel, o tempo todo esbarrava com oficiais alemães, dividido, a cada vez, entre a pungente tristeza de ver meu país entregue a invasores, a surpresa de uma coabitação pacífica com homens que, até alguns meses antes, só abordaria de revólver em punho, e, enfim, o malicioso prazer de passar a perna naqueles senhores sem que eles sequer desconfiassem. A bem dizer, essa última satisfação também tinha suas nuances. Existe sempre, a meu ver, certo mal-estar em viver na mentira; e embora isso pudesse, acho eu, ser perdoado mesmo pelos mais severos casuístas, às vezes eu me espantava por conseguir sustentar uma mentira com tanta perseverança. Uma vez restabelecidos os trens, fui para Antuérpia, onde tinha amigos; de lá, em seguida, tomei a estrada até Gueret e minha família. Desses doces momentos de reencontro, de *revoyure*, como dizia tão bem a nossa velha linguagem, o leitor nada encontrará aqui. Se falasse, eles fariam meu coração bater forte demais. Que o silêncio caia sobre eles!

Pode-se ver, portanto, as delimitações de minha experiência. Falo desta guerra; pois a anterior só vai aparecer aqui como pano de fundo. Participei do trabalho e da vida de estados-maiores de nível bastante elevado. Com certeza, não fiquei sabendo tudo o que se passava ali. Muitas vezes me aconteceu ignorar, como veremos a seguir, até as informações mais essenciais para cumprir minha própria função. Mas pude observar, no cotidiano, os métodos e os homens. No entanto, por outro lado, nunca pude ver o combate com meus próprios olhos. Só tive raros contatos com a tropa. Sobre esse assunto, é forçoso recorrer, antes de tudo, a outros testemunhos que minha posição me permitiu colher e sopesar. É o bastante, sem dúvida, se não para substituir uma visão direta – cuja autenticidade e sabor humano nada pode igualar, se os olhos forem bons –, ao menos para justificar certas reflexões. De todo modo, ninguém poderia pretender tudo ter observado ou conhecido. Que cada um diga francamente o que tem a dizer. A verdade nascerá dessas sinceridades convergentes.

O depoimento de um vencido

TÍNHAMOS ACABADO DE SOFRER UMA DERROTA INACREDITÁVEL. Culpa de quem? Do regime parlamentar, da tropa, dos ingleses, da quinta-coluna,[1] respondem nossos generais. Em suma, de todo mundo, exceto deles. Muito mais sábio foi, então, o pai Joffre![2] "Não sei", dizia ele, "se fui eu quem ganhou a batalha do Marne. Mas há uma coisa que sei muito bem: se tivéssemos perdido, a culpa seria minha." Sem dúvida, recordava com isso que um chefe é sempre responsável por tudo o que acontece sob suas ordens. Pouco importa se teve ou não a iniciativa de cada decisão, se teve ou não conhecimento de cada ação. Como é o chefe e aceitou sê-lo, é seu dever se responsabilizar, no bem e no mal, pelos resultados. A grande verdade que esse homem simples expressava de modo tão direto assume hoje um sentido ainda mais pleno. De volta da campanha, não havia entre os que me cercavam um só oficial que duvidasse: não importa o que se pensasse sobre as causas profundas do desastre, a causa direta – que exigirá ela mesma uma explicação – tinha sido a incapacidade do comando.[3]

Temo que tais declarações, por sua brutalidade, se choquem com certos preconceitos poderosamente enraizados em muita gente. Nossa imprensa quase toda e tudo o que existe em nossa literatura de profundamente

---

[1] Expressão datada da guerra da Espanha. No decorrer da batalha de Madri, Franco afirmou que tinha o apoio de uma quinta coluna formada por seus partidários dentro da própria cidade, que se juntaria às outras quatro colunas franquistas que a atacavam de fora. A expressão transformou-se em sinônimo de inimigo interno e de traição.

[2] Comandante em chefe dos exércitos do Norte e do Nordeste, o general Joffre (1852-1931) dirigiu a batalha do Marne (6 a 13 de setembro de 1914), que permitiu que os exércitos franceses detivessem o avanço alemão sobre Paris.

[3] Nota de Marc Bloch: Além do mais, foi o general Weygand, antigo diretor do Centro de Altos Estudos Militares, antigo generalíssimo, quem disse, em 25 de maio de 1940 ("Documentos secretos do Estado-Maior Geral francês", p.140): "A França cometeu o imenso erro de entrar em guerra sem ter nem o material necessário, *nem a doutrina militar necessária*." [Julho de 1942]

acadêmico disseminaram na opinião pública o culto do convencional. Um general é, por natureza, um grande general; e mesmo que tenha levado seu exército à derrota, ainda poderá ser agraciado com uma medalha da Legião de Honra. Eles pensam, sem dúvida, que ao lançar um véu pudico sobre os piores erros, estão preservando a confiança da nação, quando, na realidade, só o que conseguem é semear uma perigosa irritação entre os oficiais executivos, encarregados de colocar em prática as ordens desses comandantes. Mas não é só isso: tem mais e de importância respeitável.

Uma singular lei histórica parece regular as relações dos Estados com seus chefes militares. Vitoriosos, são quase sempre mantidos bem longe do poder; vencidos, recebem-no precisamente das mãos do país que não conseguiram levar ao triunfo. Mac-Mahon, apesar de Sedan,[4] e Hindenburg, depois da derrocada de 1918,[5] presidiram os destinos dos regimes que saíram de suas derrotas; e não foram nem o Pétain de Verdun nem o Weygand de Rethondes[6] que a França colocou ou permitiu que colocassem à sua testa. Não ignoro, com certeza, que nem tudo nesses acontecimentos é espontâneo. Mas eles tampouco respondem a uma espécie de psicose da afetividade coletiva. Aos olhos dos povos vencidos, esses uniformes, salpicados de estrelas e medalhas, simbolizam, junto com os sacrifícios voluntários no campo de batalha, as glórias do passado e talvez do futuro. Não creio que uma opinião que se choca com a verdade mereça que se evite contradizê-la. Penso, com Pascal, que é estranho o zelo "que se irrita contra os que apontam os erros públicos e não contra aqueles que os cometem". "Nunca os santos se calaram", diz ele também, em outra

---

[4] Cercado na cidadela de Sedan, Mac-Mahon capitulou ao cabo de três dias de batalha (31 de agosto a 2 de setembro de 1870). Com Napoleão III preso e a inevitável queda do Segundo Império, a República é proclamada em Paris no dia 4 de setembro.

[5] O marechal Von Hindenburg (1847-1934), que foi nomeado chefe do Estado-Maior alemão em 29 de julho de 1916 e pediu o armistício em outubro de 1918, foi eleito presidente do Reich em 1925 e ficou no poder até a morte, em 1934.

[6] O general Weygand (1867-1965) recebeu os plenipotenciários alemães em novembro de 1918, em Rethondes, perto de Compiègne. Ele foi chamado para comandar exércitos franceses em 18 de maio de 1940, mas a delegação francesa enviada em 21 de junho a Rethondes para a assinatura do armistício no dia seguinte foi conduzida pelo general Huntziger.

ocasião.[7] Não poderia servir de divisa para a censura. Não merece menos reflexão por parte de quem, sem pretender, ai de mim!, a santidade, se esforça simplesmente em se encaminhar para a modesta moralidade de homem honesto. Mas, na medida em que o sentimento é sincero, não é possível atacá-lo sem um pouco de tristeza.

Acabei de falar do "comando". No entanto, assim que a palavra saiu de minha pena o historiador em mim se escandalizou por tê-la escrito, pois o abecê de nosso ofício aconselha a fugir desses grandes nomes abstratos para tentar estabelecer, por trás deles, as únicas realidades concretas, que são os homens. Os erros de comando foram, fundamentalmente, os de um grupo humano.

Pouco me aproximei dos grandes chefes, dos quais a modéstia de minha patente e de minhas funções me afastava. O único que pude ver algumas vezes mais de perto foi o general Blanchard. Guardo dele principalmente a lembrança de um homem muito bem-educado. A última vez que me deu a honra de dirigir-me a palavra foi em um encontro na Normandia, depois de meu retorno de Flandres, quando me disse com cortesia: "Muito bem! Vejo que o senhor também conseguiu sair ileso dessa aventura." A fórmula me pareceu desenvolta. "Abençoada a nossa feliz aventura!", exclama Félix, na última cena de *Polieucto*. E Voltaire comenta: "Tais palavras, depois de cortar o pescoço do próprio genro, dão uma certa vontade de rir." Na aventura de Flandres, Blanchard tinha, por seu lado, perdido a metade de seu exército e deixado para trás, na qualidade de prisioneiros voluntários, seu chefe de estado-maior junto com o oficial que ele mesmo nomeou como seu sucessor. Mas sei que não se pode julgar ninguém por uma coisa dita ao acaso. Quando fui chamado de madrugada, no castelo de Attiches, para telefonar para o GQG britânico, passei mais de uma hora no aposento onde estava o general: sem uma palavra, quase sem um gesto, congelado numa imobilidade trágica, ele contemplava fixamente o mapa estendido sobre a mesa que nos separava como se buscasse ali uma decisão

---

[7] "Estranho zelo que se irrita...", *Provinciales*, 11ª carta, Pléiade, p.702. "O silêncio é a maior perseguição, nunca os santos se calaram", *Pensées*, XIV, 920.

que lhe escapava. Também em Attiches acabei, de maneira totalmente involuntária, surpreendendo algumas palavras de sua boca, às quais retornarei mais tarde. No conjunto, no entanto, só pude conhecê-lo através de seus atos de comando. Ora, sobre esse ponto fica difícil estabelecer onde começa a sua ação pessoal e a de sua equipe.

Eu gozava, é evidente, de uma familiaridade muito maior com os ambientes dos oficiais de estado-maior, meus chefes imediatos ou meus companheiros, na maioria da ativa e formada na Escola de Guerra.

Familiaridade tão grande que, na verdade, tratei de me preparar previamente contra a tentação de esboçar aqui um retrato, que seria naturalmente arbitrário, do oficial de estado-maior em si. Quando, de olhos fechados, folheio minhas lembranças, é uma galeria de figuras nitidamente individualizadas que desfilam diante de minha consciência: algumas destinadas para sempre ao sorriso, outras que, enquanto eu viver, serão doces à minha memória.

O capitão B..., do 3º bureau, erguendo bem alto para o céu a cabeça vazia, parecia oferecer eternamente à veneração das multidões, como um santo sacramento, a ciência livresca, cuja guarda recebeu em custódia nos cursos de tática. O capitão X... – este do nosso bureau –, bom de goela, mas nem tanto de ação, conseguiu em alguns meses atrair a raiva de todos os secretários por acreditar, devido a uma vocação natural para o comando, ter o dever de "colocar na linha": quando ia se deitar na adega, quantas risadas pelas suas costas! Como confundir esse fanfarrão com o nosso encantador oficial de intendência, tão prestativo, tão modestamente corajoso, tão discretamente eficiente em suas funções de adjunto do chefe do bureau e depois de oficial de ligação. Nele só encontro uma coisa a censurar: a crise de desânimo ou de depressão física que, depois de ver seus sonhos de guerreiro desfeitos por imagens d'Épinal,[8] o levou certa noite, na atmosfera pesada de Steenwerk, a se deixar prender inutilmente. Como deve ter

[8] Imagens d'Épinal: relatos ingênuos e otimistas. A expressão remete para as chamadas gravuras de Épinal, peças gráficas populares comuns na França do século XIX cujo primeiro divulgador, Charles Pellerin, era oriundo de Épinal. (N.T.)

sofrido antes de chegar a essa decisão – e sofrido mais ainda quando soube, por algum jornal alemão, do armistício! Esses que acabei de mencionar eram bem-avaliados desde os tempos de Bohain. Mas os dias atribulados da campanha ainda nos trariam muitas revelações, em diversos sentidos.

Daquele oficial superior que fez a guerra de 1914-18 e mereceu belos elogios em folha conhecíamos de antemão, junto com as qualidades, que não eram desprezíveis, os temíveis defeitos: seu bom senso, mas sua desordem; sua habilidade para "dar um jeito", mas sua obstinada recusa em estabelecer previsões; sua gentileza, mas, às vezes, sua falta de franqueza. Quem poderia imaginar, no entanto, seu desmoronamento na ação? Com toda a sinceridade, creio hoje em dia que, naquele momento, fomos injustos com ele. Maldosamente atribuímos à fraqueza diante do perigo – causando nele o nervosismo que é, na aparência, próximo do medo – algo que era antes de tudo consciência quase prematura da catástrofe que ganhava volume, ansiedade sob a pressão de uma carga pesada demais, excesso de sentimentalidade também: pois ele não me confessou em Attiches que não teve forças para designar entre seus colaboradores aqueles que deveriam ficar nos postos então considerados mais expostos? Mas um fato é certo: esmagado sem dúvida por anos de burocracia e de pedagogia, esse soldado de carreira deixou completamente de ser um chefe – com tudo o que tal palavra comporta de domínio de si e de implacabilidade.

Na outra face da moeda, como poderia resistir ao prazer de evocar a longa e loura silhueta do caro capitão de artilharia que, nas horas turbulentas de Attiches e de Steenwerk, assumiu em escala avançada o comando de nosso bureau? Pouco antes, em Bohain, onde tinha sob suas ordens a seção de abastecimento, era considerado suscetível, sistemático e, às vezes, mal-humorado. Não tinha um espírito muito rápido e, cavaleiro apaixonado, orgulhava-se de bom grado de detestar o trabalho intelectual. Sua franqueza ao sustentar, mesmo diante de seus superiores, as opiniões em que acreditava, forçava a estima; mas seu humor contraditório era irritante. Seu gosto, talvez um pouco artificial, pelas piadas escatológicas cansava até os menos puritanos. Seus preconceitos políticos, sociais (pois era da alta burguesia) e, imagino eu, raciais se desviavam, tanto quanto possível, de minha própria visão do mundo. Nós nos tratávamos com correção, mas de modo pouco caloroso de parte a parte, temo dizer.

Mas veio a campanha do Norte. Quando tudo se consumou, o general Prioux decidiu que cada bureau designaria um oficial para esperar o inimigo com ele. T..., como disse, era então nosso chefe. E considerou que, sendo o chefe, essa missão de sacrifício só podia caber a ele. De ideias muito firmes, aliás, para não colocar entre os deveres de honra do soldado a submissão a um inútil encarceramento, confessou mais tarde que passou a noite seguinte com os olhos fixos no buraco da sebe por onde pretendia escapulir, assim que os alemães chegassem, de revólver em punho. É certamente o que teria feito se um incidente inesperado, quase no último minuto, não tivesse lhe restituído a liberdade de movimento. Durante a noite, o comandante do 4º Corpo chegou de repente ao PC: como as unidades que comandava estavam quase todas impedidas de cruzar o Lys, ele resolveu unir seu destino ao do comandante do exército. Nosso oficial de intendência, que servia com ele como agente de ligação, o acompanharia. Como eu já disse, esse pobre amigo recusou a chance que lhe foi oferecida de ganhar a costa. Sua abnegação e o desânimo salvaram T... Pois o general tinha pedido apenas um prisioneiro por bureau. T... recebeu autorização para partir. E, no dia seguinte, tivemos a surpresa e a alegria de vê-lo comparecer, com um pequeno atraso, a nosso primeiro encontro, não muito longe de Hondschoote, montado numa bela bicicleta nova encontrada no meio do caminho, nas ruas desertas de Bailleul. Como já tínhamos nos despedido na noite anterior, ficamos ambos bastante emocionados. E se não reconhecemos em palavras que havíamos nos subestimado mutuamente até então, e que lamentávamos muito que as coisas tivessem acontecido assim, foi porque certas coisas não se dizem: basta senti-las juntos. Hoje a vida nos separou. A tal ponto que ignoro, no momento em que escrevo, se ele ainda está neste mundo. Se algum dia a vida nos aproximar novamente, será, temo, para nos recolocar em lados opostos. Mas não como antes. De minha parte, seria impossível riscar da memória aqueles poucos minutos carregados de eletricidade humana que vivemos no jardim de Steenwerk.

E nem aquilo tudo que os havia precedido e justificado. Um dos privilégios de um verdadeiro homem de ação é, sem dúvida, que nessa hora suas falhas se apagam, enquanto as virtudes até ali adormecidas surgem com um brilho inesperado. Essa é a metamorfose da qual nosso camarada foi um exemplo notável. Consciencioso e sincero ele sempre foi, mas deixou de se prender às coisas pequenas e seu gosto pela contradição desapareceu. Sempre pronto a fornecer uma informação ou uma instrução, foi um desses chefes que sabem dar a seus oficiais executivos a liberdade de que necessitam, sem deixar, no entanto, de assumir a responsabilidade pelo conjunto. Foi paciente, calmo nos momentos mais difíceis, pródigo no próprio esforço, mas capaz de poupar o dos outros. E sempre tão boa pessoa! Eu havia descoberto um homem.

No entanto, em nenhum grupo humano os indivíduos são tudo. Suas particularidades tendem necessariamente a se atenuar assim que passam a fazer parte de uma comunidade fortemente constituída. Uma formação inicial conduzida por cada um em linhas mais ou menos semelhantes, o exercício de uma mesma profissão, a submissão a regras coletivas de vida talvez não sejam o cimento mais forte. É preciso ainda, junto com as tradições transmitidas dos mais velhos aos mais jovens ou do chefe ao subordinado, o sentimento de uma espécie de prestígio coletivo. Esse é eminentemente o caso do que poderíamos chamar de corporações militares. Na nação, os ambientes de oficiais de carreira formam uma pequena sociedade bem-caracterizada: através de inúmeros vestígios, é certamente a mais capaz de dar à nossa civilização, relativamente nivelada, uma imagem do que era na França antiga a noção de "ordem", mais do que a de classe. Na nobreza de outrora, apesar das enormes diferenças de classe, reinava a consciência de uma verdadeira igualdade de princípio, tanto que o rei em pessoa nada mais era, do ponto de vista desse código, que "o primeiro fidalgo de seu reino". Hoje também, se um general, mesmo entre os mais estrelados, entra no aposento onde trabalha um modesto subtenente, ele não pode, sem faltar à cortesia mais elementar, deixar de lhe estender a mão. Já diante de um suboficial – não vamos nem falar de um simples soldado –, as circunstâncias teriam de ser muito excepcionais para levá-lo a esse gesto. No interior do exército, o mundo dos oficiais de estado-maior aparece, por sua vez, como uma coletividade notavelmente homogênea.

Entre seus traços gerais mais incontestáveis, um dos que mais o honram é certamente o respeito pelo dever profissional. Creio que essa tendência, aliás, é comum à maioria dos oficiais de qualquer patente. Suponho que entre os diplomados na Escola de Guerra existam, como em toda parte, preguiçosos e homens sem consciência. Com apenas uma exceção – embora se trate de um personagem que, evidentemente, já havia sido avaliado por seus pares e relegado a um estado-maior sem importância –, nunca me deparei com nenhum. Essa é uma grande virtude que, temo dizê-lo, bem poucos corpos de funcionários possuem hoje em dia nesse grau.

Fala-se com frequência do desdém do oficial de estado-maior em relação ao oficial de tropa. Não vou negar que haja manifestações de uma irritante arrogância de Escola de Guerra em alguns vaidosos, que, examinando bem, são raros. Mas não seria justo deixar de dizer: quase todos os diplomados que conheci clamavam bem alto o desejo de retomar seu lugar na tropa. Talvez houvesse nisso uma parte de afetação. Conheci alguns que, colocados contra a parede, perderam boa parte desse entusiasmo. Mas sempre me pareceu que pelo menos entre os jovens tais propósitos respondiam a um sentimento perfeitamente sincero na imensa maioria dos casos. Tanto que é de praxe que o bom-tom exija a expressão dessa estima pelos serviços de carreira.

Quanto aos mal-entendidos que em tantos exércitos de tantas nações se erguem entre os que executam as ordens e o pessoal que dirige, este último não é certamente o único responsável por eles. Pois as dificuldades não aparecem sob o mesmo ângulo nos diversos escalões, e colocar-se no lugar do outro sempre foi, tanto na base quanto no topo da hierarquia, uma ginástica mental singularmente difícil. Não se pode contestar que os estados-maiores cometeram muitos pecados nesse ponto, mas creio que isso se deu mais por carência de imaginação e de bom senso do que por desprezo.

Na época em que ainda não tínhamos entrado em combate, estávamos frequentemente ocupados com transferências de unidades num mapa:

quantos de nós éramos capazes de representar, com suficiente vivacidade, a soma de desconfortos materiais e, no plano moral, de desalentos que causa nas tropas o abandono de um alojamento, onde o soldado já fez zelosamente o seu ninho, por um novo que só vai lhe oferecer, na maioria dos casos, instalações medíocres e mal-adaptadas? Mas há coisas ainda piores. Durante a guerra anterior, pude constatar várias vezes a incapacidade do comando para calcular com exatidão o tempo que uma ordem do quartel-general levava, etapa por etapa, até chegar ao ponto em que teria de ser executada: nem os melhores memorandos serão capazes de ensinar aquele que não é capaz de usar os olhos do espírito para medir a progressão, quiçá os erros, de um agente de ligação nas pistas lamacentas. Em 22 de julho de 1918, servindo no exército Mangin[9] – cujos métodos a esse respeito eram particularmente deploráveis –, passei eu mesmo pela angústia de receber uma ordem de ataque em custódia bem antes que fosse possível transmiti-la aos interessados, então em manobra. Afinal, a ordem chegou tão tarde a seu destino que o batalhão encarregado da operação, sem ter tido o tempo necessário para reconhecer o terreno antes do amanhecer, partiu malposicionado para o ataque e foi inutilmente massacrado, quase por completo.

Não tenho certeza de que a condução dessa última guerra estivesse, por sua vez, completamente isenta de erros desse tipo. Nesse caso, é toda uma formação intelectual que deve ser recriminada. Mas voltaremos ao assunto.

É bem verdade que existe um remédio simples e bem conhecido: estabelecer um revezamento, por frações, entre os dois grupos de oficiais. Mas os grandes chefes não gostam de trocar colaboradores. Basta lembrar que em 1915 e 1916 essa recusa causou um verdadeiro divórcio entre as opiniões dos combatentes e dos estados-maiores. Depois de tanto adia-

[9] O general Mangin (1866-1925) participou de várias campanhas coloniais na África. Organizador das tropas coloniais ("a força negra"), conduziu a contraofensiva francesa em Verdun que levou à retomada dos fortes de Douaumont e Vaux, em outubro de 1916. Depois do fracasso da ofensiva Nivelle, em abril de 1917, cuja concepção apoiou, foi colocado à disposição, mas reconvocado em dezembro para a chefia do X Exército.

mento, quando o revezamento finalmente se impôs, num momento em que a tropa dizimada já não podia fornecer os elementos apropriados na quantidade necessária, teve de ser massivo, pois nem todo bom comandante de companhia ou de batalhão será forçosamente um bom oficial de estado-maior. Não foi sem preocupação que vi, durante o inverno de 1939-40, essa cristalização de quadros se repetir. Na época, tentei alertar o alto escalão do perigo. No entanto, a crise dos meses de maio e junho foi brusca demais para que tivessem tempo de se manifestar a respeito.

Honestos, eminentemente desejosos de fazer bem-feito, profundamente patriotas, em sua maioria mais finos de espírito também do que a massa dos egressos da Escola Politécnica e da Escola Militar de Saint-Cyr, às vezes até brilhantes, os oficiais de estado-maior constituem portanto, em seu conjunto, um corpo digno de admiração. No entanto, é indiscutível que eles próprios ou os chefes que eles formaram nos conduziram à derrota. Por quê? Antes de tentar explicar, mais vale, sem dúvida, tentar descrever como.

Não pretendo de forma alguma escrever uma história crítica da guerra, nem mesmo da campanha do Norte. Faltam-me os documentos para tanto e também a competência técnica. Mas há desde agora algumas constatações claras demais para que eu hesite em formulá-las sem mais delongas.

Muitos erros diferentes, cujos efeitos se acumularam, levaram nossos exércitos ao desastre. Mas uma grande carência paira sobre todos eles. Nossos chefes, ou os que agiam em seu nome, não souberam pensar a guerra. Em outros termos, o triunfo dos alemães foi essencialmente uma vitória intelectual e talvez esse seja o motivo mais grave.

É possível, creio, ser ainda mais preciso. Uma característica decisiva entre nós opõe a civilização contemporânea àquelas que a precederam: desde o início do século XX a noção de distância mudou radicalmente. A metamorfose se produziu mais ou menos no espaço de uma geração e, por mais rápida que tenha sido, inscreveu-se bem demais e de modo progressivo em nossos costumes para que seu caráter revolucionário não acabasse mascarado, por pouco que fosse, pelo hábito. Mas o momento presente se encarrega de abrir nossos olhos. Pois as privações causadas pela guerra ou pela derrota agiram sobre a Europa como uma máquina do tempo, e foi aos modos de vida de um passado tido ainda ontem como desaparecido para sempre que elas nos levaram bruscamente de volta. Escrevo de minha casa de campo. No ano passado, quando meus fornecedores e eu ainda dispúnhamos de combustível, a sede do distrito, que é nosso pequeno centro econômico, parecia estar a dois passos. Este ano, quando temos de nos contentar, os mais lépidos, com bicicletas, e para transportar cargas mais pesadas, com carroças puxadas por burros, cada viagem à cidade ganha o ar de uma expedição. Exatamente como há trinta ou quarenta anos! Os alemães fizeram uma guerra de hoje, sob o signo da velocidade. Nós, por nosso lado, não tentamos apenas fazer uma guerra de véspera ou de antevéspera. Quando vimos os alemães lutarem sua guerra, não soubemos ou não quisemos compreender seu ritmo, adequado às vibrações aceleradas de uma nova era. Tanto que, na verdade, foram dois adversários pertencentes cada um a uma época diferente da humanidade que se enfrentaram em nossos campos de batalha. Em resumo, repetimos os combates da zagaia contra o fuzil, familiares à nossa história colonial. Só que dessa vez éramos nós que desempenhávamos o papel de primitivos.[10]

Vejamos a lista dos PCs do I Exército durante a campanha do Norte: Valenciennes, Douai, Lens, Estaires, Attiches, Steenwerk. A cada nova pressão do inimigo, um novo recuo como resposta. Nada mais natural. Mas de quanto eram esses saltos? Entre vinte e 35 quilômetros a cada vez. Não mais que isso. Em outros termos – pois, como já nos ensinava Vidal de La Blanche, é em distâncias horárias que convém pensar hoje em dia –, no máximo uma meia hora de carro. Naturalmente, os deslocamentos da linha de resistência eram proporcionais. Pelo menos segundo o traçado

[10] Nota de Marc Bloch: Sobre a aceleração dos ritmos que as metamorfoses do presente impõem ao pensamento, podemos encontrar observações inteligentes num pequeno livro onde ninguém pensaria em procurar por elas: o de Charlesworth sobre *Les routes et le trafic commercial dans l'Empire Romain*. Ver o desenvolvimento na p.225. Notadamente: "Hoje em dia, os homens devem tomar suas decisões com uma prontidão que deixaria nossos antepassados boquiabertos." [Julho de 1942]

que o comando pensava que poderia impor ao inimigo. De nossa escola de Lens ouvíamos distintamente os combates com metralhadoras. Por mais sugestiva que essa lembrança de sonoridades um pouco esquecidas possa ser para velhos soldados de 1914, não creio que a vontade de nossos chefes fosse a de agradar a seu estado-maior. Os alemães tinham simplesmente avançado muito mais rápido do que previa a boa regra. E foi assim quase o tempo todo. "Estratégia semanal", dizia um de meus camaradas sobre tais métodos – um daqueles jovens que pelo menos sabiam ser de seu tempo e sofriam ao ver seus superiores lhes virarem abertamente as costas. E não seria necessário gastar os fundilhos das calças nos bancos da Escola de Guerra ou do CHEM (Centro de Altos Estudos Militares) para entender uma situação bastante clara. Evidentemente, uma vez rompida a linha do exército do Meuse,[11] e enquanto o inimigo se fazia cada dia mais insistente em nosso próprio front, subsistia uma única chance de salvação: depois de "desligar", restabelecer uma nova linha de defesa mais atrás, a uma distância suficiente para que não fosse varrida antes mesmo de ser instalada. Em vez disso, limitavam a mergulhar na brecha pequenas unidades, uma por uma, que seriam fatalmente destroçadas, enquanto do outro lado teimavam em resistir na ponta, em Valenciennes e Denain. Até o momento em que, quando enfim ordenaram a retirada para o litoral, as divisões que tinham sido abandonadas se viram incapazes de chegar a tempo. Se Joffre, depois de Charleroi e Morhange, tivesse procedido assim, não teria ganho a batalha no Marne; ele a teria perdido em Guise. E no entanto, no seu tempo, as tropas adversárias só marchavam a pé.

Ignoro qual terá sido o quinhão de responsabilidade dos diversos escalões do comando nesses erros: I Exército, GQG e, no nível intermediário, 1º Grupo de Exércitos. Este último foi comandado inicialmente pelo general Billotte e, depois, a partir de 25 de maio, pelo general Blanchard. Mortalmente ferido no dia 21, num acidente de carro, Billotte não está

[11] Como os alemães cruzaram o Meuse em 13 de maio, em Sedan, sua penetração provocou a derrocada do front francês e permitiu a manobra que levou ao cerco do exército do Norte.

mais aqui para se defender. Esse oportuno desaparecimento o indicava, naturalmente, para o papel de bode expiatório. A julgar por certas conversas surpreendidas na sala de nosso pequeno refeitório em Malo-les-Bains, não se pretendia perder a oportunidade.

Não sem alguma razão, sem dúvida. No caso de invasão da Bélgica pelos alemães, que forma deveria assumir a resposta dos exércitos franco-britânicos? Esse problema agitou os bureaux de "operações" dos estados-maiores durante todo o inverno. Duas soluções dividiam as preferências. Alguns propunham que se esperasse o inimigo com os pés bem-plantados numa posição balizada pelo Escaut, na Bélgica, e, a leste, pela linha, infelizmente bastante incompleta de casamatas e fossos antitanques que acompanhava mais ou menos a nossa fronteira, pronta, é evidente, para avançar alguns elementos de reconhecimento e grupos capazes de retardar o avanço inimigo. Outros, ao contrário, queriam uma guerra imediata e completamente fora de nosso território nacional; para tanto, nos convidavam a ocupar de um salto a margem esquerda do Dyle, a do Meuse belga e, no intervalo entre os dois cursos d'água, uma diagonal traçada de Wavre a Namur através das altas planícies de Hesbaye, quase completamente desprovidas de obstáculos naturais. Todos sabem que a segunda solução saiu vencedora. E parece que a influência do general Billotte foi preponderante nessa decisão.

A escolha talvez já fosse imprudente por si mesma. Se não era, passou incontestavelmente a ser assim que a resistência belga em torno de Liège começou a fraquejar. Contávamos com ela para uma pausa de alguns dias, necessária para abastecer e organizar o novo front. Ora, como as pontes entre Liège e Maestricht não puderam ser destruídas no momento apropriado, a praça se viu cercada quase desde o início da ofensiva alemã, e os depoimentos de nossos agentes de ligação não deixavam dúvidas de que ela sucumbiria rapidamente. Ao mesmo tempo, os primeiros confrontos revelaram outras surpresas. Os tanques inimigos não eram apenas mais numerosos do que nossos serviços de informação jamais supuseram; alguns deles possuíam também uma potência inesperada. A aviação alemã superava assustadoramente a nossa. A missão de estabelecer contato à frente do Dyle e da posição Wavre-Namur foi confiada ao corpo de cavalaria, completamente motorizado apesar do nome tradicional – "a única formação com a qual nunca tive qualquer contato", disse um dia o veterinário do exército. Desde o dia 11 o general Prioux, que na época comandava essa grande unidade, propunha que se renunciasse à manobra prevista. Nossa linha de defesa retornaria ao Escaut e à fronteira. Mais uma vez, Billotte interveio. Quando um chefe de patente tão elevada se dá o trabalho de fazer pressão pessoalmente, é raro que ela seja totalmente inútil. Tenho razões para crer que, depois de um encontro com o comandante do grupo de exércitos, Prioux foi convencido pelo menos a edulcorar seu relatório. Em todo caso, é certo que ele não foi absolutamente levado em conta.

Qual teria sido, no entanto, a sorte do I Exército e das forças britânicas e francesas instaladas à sua esquerda se a chaga aberta do Meuse não tivesse se escancarado inopinadamente à sua direita? Não penso que tenha a competência necessária para fazer profecias a esse respeito, sobretudo *a posteriori*. No dia 14 de maio, um segmento da linha de frente que nos havia sido designado foi rompido. Era mantido por uma das divisões marroquinas, cujos elementos indígenas parecem ter suportado muito mal, pelo menos no começo, os bombardeios aéreos e os ataques com tanques. Mas o restabelecimento foi bastante rápido.

Incontestavelmente, foi a derrocada dos exércitos do Meuse e de Sedan que, ao deixarem a descoberto de repente a retaguarda das tropas engajadas na Bélgica, levou a manobra a um irremediável fracasso. Como explicar que o abrupto vale de um largo rio que imaginávamos tão fácil de defender acabasse sendo tão maldefendido? Sobre tal fato, um dos mais importantes da guerra e talvez o mais surpreendente, não consegui reunir mais que alguns rumores sem consistência. Mas o que sei muito bem é que demoramos muito para entender as consequências disso.

No dia 13 de maio, soubemos da ruptura da linha do Meuse; no mesmo dia, uma ordem assinada por Gamelin insistia em prescrever a resistência na linha Wavre-Namur. A retirada só foi decidida no dia 15 e já tive ocasião de lembrar que foi realizada a conta-gotas. Nada nesses métodos parece ter mudado, nem com a substituição de Weygand por Gamelin (ocorrida no dia 20), nem com a visita que o novo generalíssimo fez na manhã seguinte a lorde Gort e ao general Billotte,[12] viagem dramática que teve de ser realizada de avião, pois as comunicações terrestres já estavam cortadas até o mar. Foi na volta desse encontro que o comandante do grupo de exércitos que, diziam, costumava se locomover sempre em alta velocidade, teve seu carro esmagado por um caminhão. Qual o seu papel pessoal nos eventos que se desenrolaram depois do dia 13? Não disponho de nenhuma luz particular sobre esse assunto. Uma coisa é certa: os erros então cometidos foram muito mais decisivos por seus efeitos; eles parecem muito menos perdoáveis do que a primeira concepção do plano de operações, por mais temerária que fosse. Antes de mais nada, sobre errar no início: há poucos grandes capitães que não se deixaram levar alguma vez; a tragédia começa quando os chefes não sabem reparar o erro. Depois que Billotte saiu de cena, ninguém mais teve a impressão de que um novo espírito soprava no comando. É provável que suas falhas, que ninguém poderia negar, fossem falhas comuns a toda uma escola. A campanha do Norte, com suas duras lições, conseguiu pelo menos convencer nossos mestres de que o ritmo da guerra havia mudado? A resposta será dada pela história das últimas convulsões, nas quais iriam se debater os pedaços de exércitos que escaparam do desastre de Flandres. Os barcos que permitiram que escapássemos da captura desembarcaram nas costas francesas homens separados pela retirada, pelo próprio embarque, algumas vezes pelos naufrágios, além de totalmente desarmados. Era preciso refazer as unidades, reenquadrá-las e equipá-las de novo de cabo a rabo. Ora, para essa reconstituição, delicada e necessariamente lenta, o alto-comando escolheu uma área que se estendia mais ou menos de Evreux a Caen. O front do Somme, instável desde o começo, estava a cerca de 150 quilômetros. Era muita coisa no tempo de Napoleão e ainda suficiente, sem dúvida, em 1915. No ano da graça de 1940, era o mesmo que nada. Os alemães nos fizeram ver isso muito bem. Forço-

---

[12] Nota de Marc Bloch: Reproduzo aqui o relato conforme me foi feito naquele momento. Se entendi bem o seu relatório de 22 de maio ao Comitê de Guerra Franco-Britânico ("Documentos secretos do Estado-Maior Geral francês", p.130), Weygand não teria conseguido chegar até lorde Gort. [Julho de 1942]

samente, a retirada para o sul logo se impôs; a princípio, como de costume, para não muito longe, em seguida, para uma distância bem maior. Mas a grande derrocada já tinha começado. Na verdade, ficou resolvido que nos encontraríamos próximo ao Charente ou ao Garonne: bem-localizados para partir em qualquer direção, teríamos, talvez, tempo suficiente para nos tornarmos úteis. A raiva ainda morde meu coração quando penso nisso, como outrora em nossos castelos normandos. Não seríamos, aliás, as únicas vítimas, nem, a bem dizer, as mais deploráveis dessa espantosa impermeabilidade aos mais claros ensinamentos da experiência. Com o avanço alemão para a planície do Saône, Jura e Reno, não deixamos ao inimigo todo o tempo para cercar os exércitos franceses a leste e quase os dos Alpes também?[13] De um lado a outro da guerra, o metrônomo dos estados-maiores nunca deixou de bater vários tempos com atraso.[14]

Um episódio sem alcance prático em si mesmo, mas significativo, acabou por me convencer de que essa estranha forma de esclerose mental não se limitava às autoridades superiores, culpadas por não terem designado alguma área na retaguarda mais próxima do front como local de abrigo. Depois que o general comandante do 16º Corpo recebeu, ao fim de mil peripécias, o encargo de dirigir o trabalho de reagrupamento, o estado-maior do I Exército, ocioso e isolado, ficou acantonado em duas herdades afastadas, ao sul de Caen. Em 15 de junho, finalmente recebemos ordens de nos apresentar em Rennes. O deslocamento seria feito parte por via férrea, parte pela estrada. Como só dispúnhamos de um pequeno número de carros, eles foram designados inicialmente para transportar até a estação

[13] A partir de 5 de junho de 1940, o exército alemão empreende uma segunda fase de sua campanha (o "plano vermelho") e avança, a partir de Sedan, para o sul do país, através de Lorena, da Borgonha e do Franco-Condado, a fim de cercar os exércitos (III, V e VIII) mantendo a linha Maginot, cujas últimas unidades capitulariam sob a ordem de Pétain em 30 de junho de 1940. A ofensiva italiana nos Alpes foi um fracasso. As tropas montanhesas francesas, vitoriosas, foram surpreendidas por trás pelo exército alemão quando este chegou a Lyon, em 21 de junho.

[14] Nota de Marc Bloch: O sr. Daladier disse à Câmara, em 2 de fevereiro de 1937, que lamentava não ter encontrado, ao retornar à rue Saint-Dominique, mais do que uma única divisão leve mecanizada, aquela que ele mesmo havia formado quase quatro anos antes.

o destacamento que deveria pegar o trem. Quando esse vaivém terminou, no final da tarde, fomos, um de meus camaradas e eu, ao encontro do tenente-coronel que era nosso oficial mais graduado. Tínhamos acertado que nossa proposta seria partir imediatamente, sem mais delongas. De fato, todos sabiam que as colunas motorizadas alemãs estavam se infiltrando na Normandia, ameaçando, em particular, as nossas comunicações com o sul. Num cara a cara inesperado com algumas autometralhadoras, tendo como armamento apenas alguns revólveres, uma caravana de oficiais tinha feito um papel lamentável. Corríamos o risco de nos deixarmos capturar estupidamente em plena marcha, e tal perspectiva não era nada agradável. O tenente-coronel, como de hábito, começou a tergiversar. Achava incômodo chegar a Rennes à noite e sua preocupação com o conforto fez com que, finalmente, resolvesse esperar para levantar acampamento às primeiras luzes do dia. A verdade me obriga a dizer que não tivemos encontros infelizes. Nem por isso sua imprudência se torna menos grave. A partir daí, fiquei mais propenso a acreditar que a malfadada aventura de certo chefe de patente bem mais elevada não era simplesmente lendária: dizia-se que, no Oise, ele viu sua sala de jantar bruscamente cercada por um destacamento de *feldgrau*.[15]

Em todo caso, soubemos alguma vez, durante toda a campanha, onde estava o inimigo? O fato de que nossos chefes nunca soubessem perfeitamente as verdadeiras intenções do inimigo e, talvez, pior ainda, suas possibilidades materiais, pode ser explicado pela má organização de nossos serviços de informação. Mas, no momento mesmo em que as coisas aconteciam, o fato de estarmos perpetuamente mergulhados no desconhecimento de seus movimentos teve como causa principal uma decalagem constante na avaliação das distâncias. Nossa própria marcha era lenta demais e nosso espírito desprovido de prontidão para aceitar que o adversário pudesse andar tão rápido. Quando da partida de Lens, em 22 de maio, ficou decidido que o quartel-general se dividiria em dois grupos:

[15] Em alemão, verde-acinzentado (verde-campo). Cor do uniforme dos alemães; designava as tropas nazistas. (N.T.)

o PC ativo em Estaires e a fração "pesada", mais distante, como acreditávamos então, do combate, em Merville. A surpresa foi grande quando constatamos, na prática, que o escalão considerado de "retaguarda" estava bem mais próximo da verdadeira linha de fogo que o escalão considerado de "vanguarda". Quando a brecha do Meuse se abriu, teria sido necessário mudar rapidamente, ainda em marcha, os pontos de desembarque de uma divisão que, sob pretexto de preencher o vazio, avançava diretamente para a boca do lobo.

Uma vez em Flandres, cálculos equivocados desse mesmo quilate se multiplicaram. Um general de divisão chegou ao ponto de, ao se aproximar do local designado para montar seu PC, constatar que havia sido antecedido pelo inimigo. Ainda sinto um frio na espinha ao lembrar da tragédia da qual quase fui autor, autor inocente, ousaria dizer, pois não dispunha dos meios de me informar melhor e com certeza não era culpa minha se não recebia, já não diria todo dia, mas ao menos em tempo razoável, as informações das quais os outros bureaux dispunham. Por medida de segurança, ordenei a mudança de acampamento de uma companhia de caminhões-tanque, pois o local em que estava era muito próximo do front oriental do exército. Assim que a ordem foi expedida, fiquei sabendo que, vindos do sudoeste, os alemães já tinham ocupado a cidade escolhida. Por milagre, a companhia, detida por um engarrafamento, nunca chegou a seu destino. Uma fração de um grupo de transporte automobilístico automotivo teve menos sorte: ao chegar ao local de estacionamento indicado pelo exército, foi recebida pelas metralhadoras inimigas e inteiramente massacrada ou capturada.

Como poderei esquecer, enfim, o modo como ficamos sabendo que a estrada do mar, em território francês, já estava fechada para nós? Vários dias antes, Lachamp e eu tínhamos enviado a maior parte do parque de combustíveis para um acampamento próximo da costa. Como nossos depósitos fixos tinham se reduzido progressivamente em relação aos que estavam em Lille, e como, no caso de toparmos com algum vagão carregado de combustível nas linhas férreas, o mais simples seria deixar as unidades abastecerem mais ou menos à vontade, o pessoal de exploração se tornou quase todo inútil. Mantivemos conosco, junto com um pequeno destacamento de homens da tropa, apenas alguns oficiais, a maioria encarregada de garantir nossas ligações com o corpo do exército. No entanto, o exército, rechaçado por todo lado, se amontoava num espaço cada vez menor, de modo que os PCs de seus diversos corpos se encontravam, por fim, suficientemente próximos uns dos outros para que todos pudessem ser alcançados em uma ou duas viagens. Consideramos então que seria pouco sábio continuar a expor ao perigo de uma captura iminente mais oficiais do que os que realmente precisávamos. No dia 26, à noite, resolvemos enviar um deles ao encontro da maioria no parque. Ora, no dia 28, de manhã, vi que ele estava de volta a Steenwerk. No itinerário que lhe fora indicado, entre Steenwerk e Cassel, ele tinha se deparado com tanques alemães. A notícia era grave. Preocupei-me em avisar imediatamente os chefes. "Vocês têm absoluta certeza de que não são tanques franceses?", perguntou o primeiro camarada do 3º bureau com quem falamos. F… replicou que tinha todas as razões do mundo para acreditar no contrário, não bastassem os tiros trocados, sob seus olhos, entre esses tanques e nossas tropas. O general Prioux, a quem o levamos em seguida, foi menos incrédulo: recebeu o golpe sem reagir. Mas ainda hoje me pergunto quanto tempo essa informação demoraria a chegar se nosso bravo tenente não tivesse passado por ali totalmente por acaso.

Não seria justo, no entanto, limitar aos escalões superiores tais observações. Em geral, os oficiais executivos não obtinham melhores resultados nas tentativas de adequar suas previsões e seus gestos à agilidade alemã. As duas carências estavam, aliás, bastante ligadas. Não era apenas a transmissão de informações que operava muito mal, tanto de baixo para cima quanto de cima para baixo; os oficiais de tropa, com menos sutilezas de doutrina, tinham sido formados em sua maioria na mesma escola de seus companheiros de estados-maiores. Ao longo de toda a campanha, os alemães mantiveram o desagradável costume de aparecer exatamente onde não poderiam estar. Não seguiam as regras do jogo. Por volta do começo da primavera, em Landrecies, começamos a estabelecer um depósito de combustível "semifixo": grande ideia do GQG, concebida sob medida para um tipo de guerra que nunca se realizou fora do papel. Num belo dia do mês de maio, o oficial encarregado da instalação encontrou um destacamento de tanques na rua e achou sua cor singular. Mas, claro, como ele poderia conhecer todos os modelos em uso no exército francês? No entanto, a coluna parecia seguir numa direção estranha: ia para Cambrais, quando o "front" estava na direção diametralmente oposta. Mas será que os guias, numa cidadezinha de ruas meio tortuosas, não teriam se equivocado de direção? Nosso homem estava pronto para ir atrás do chefe do comboio para recolocá-lo no caminho certo quando um sujeito mais avisado preveniu: "Cuidado! São os alemães."

Essa guerra foi feita, portanto, de surpresas perpétuas. O resultado, no plano moral, parece que teve consequências muito graves. Tocarei aqui num assunto delicado, sobre o qual, sabemos, não tenho o direito de emitir impressões vagas. Mas é importante que certas coisas sejam ditas, brutalmente, se necessário. O homem é feito de tal forma que, se tiver que enfrentar um perigo previsto, no local onde foi previsto, ele o fará com mais tranquilidade do que se tiver que enfrentar o surgimento brusco de uma ameaça de morte na curva de um caminho pretensamente agradável. Na época, depois do Marne, vi uma tropa marchar corajosamente em linha sob um terrível bombardeio e, no dia seguinte, entrar em pânico porque três obuses caíram, sem ferir ninguém, ao longo de uma estrada em que tinham acabado de descansar armas para beber água. "Fomos embora porque os alemães estavam lá" – ouvi essas palavras várias vezes, em maio e junho passados. Tradução: lá onde não esperávamos que estivessem, lá onde nada nos levava a supor que deveríamos esperar por eles. De modo que certas falhas que, sinto muito, não podem ser negadas, tiveram sua origem principal no ritmo demasiado lento dos batimentos de nossos cérebros. Nossos soldados foram vencidos: em certa medida, eles se deixaram vencer com muita facilidade sobretudo porque nós pensávamos com atraso.

Os encontros com o inimigo não foram inesperados apenas no lugar e na hora. Eles aconteciam também, em sua maioria e com uma frequência crescente, de uma forma para a qual nem os chefes nem as tropas estavam preparados. Poderiam admitir pular de trincheira em trincheira sob fogo cerrado – nem que fosse, como fizemos outrora na floresta de Argonne, para alguns metros de distância. Achariam natural tomar de tempos em tempos um pequeno posto. Seriam muito capazes de rechaçar firmemente um assalto atrás dos arames farpados, mesmo que mais ou menos demolidos pelas minas, ou de partir para o ataque sozinhos, heroicamente, contra posições já varridas – mesmo que imperfeitamente – pela artilharia. Tudo isso organizado pelos estados-maiores com base nas belas ideias de manobras longamente, sabiamente amadurecidas, de parte a parte. Mas parecia muito mais assustador se deparar de repente com tanques em campo aberto. Os alemães, esses sim, corriam mais ou menos por todo lado através dos caminhos. Tateando o terreno, eles paravam lá onde a resistência se mostrava mais forte. Se, ao contrário, encontravam "moleza", avançavam, explorando seus ganhos para montar, em seguida, a manobra mais adequada, ou, ao que parece, para escolher entre uma variedade de planos que, de acordo com o metódico oportunismo tão característico do espírito hitlerista, tinham estabelecido previamente. Acreditavam na ação e no imprevisto. Nós tínhamos jurado fé à imobilidade e aos caminhos já batidos.

Nada é mais significativo a esse respeito que os últimos episódios da campanha a que tive oportunidade de assistir: na época, podia parecer que as lições da experiência finalmente fariam ouvir sua voz. Resolveram defender a Bretanha reunindo ali as forças em retirada da Normandia, já completamente separadas dos exércitos estacionados no Loire pelo avanço inimigo a oeste de Paris. E o que fizeram então? Despacharam incontinente um honorável general de engenharia militar para estabelecer uma "posição" de um mar a outro. Pois não há – não é mesmo? – como resistir sem traçar, primeiro no mapa, para depois picotar no solo, uma bela "posição" contínua, com linhas internas de defesa, linha avançada, linha de resistência, e assim por diante. É verdade que não tínhamos nem tempo necessário para a organização do terreno, nem canhões em número suficiente para guarnecer as obras futuras, nem munições para todos esses canhões, caso fossem encontrados. O resultado foi que, depois de algumas rajadas de metralhadoras, trocadas, ouvi dizer, em Fougères, os alemães entraram sem luta em Rennes (que a "posição" deveria ter protegido), espalharam-se por toda a península e fizeram multidões de prisioneiros.

Isso significa que naquele momento – o momento exato em que Pétain anunciou que pediria o armistício – qualquer defesa tinha se tornado impossível? Mais de um oficial pensava o contrário. Sobretudo entre os mais jovens: depois que os acontecimentos se precipitaram, um fosso cada vez mais profundo parecia separar as gerações. Mas, infelizmente, os chefes não pertenciam àquelas gerações que ainda gozavam de artérias cerebrais flexíveis. Penso ainda hoje que nossos "*jusqu'au-boutistes*" ["defensores da luta até o fim"], como se dizia em 1918, não estavam enganados. Eles sonhavam com uma guerra modernizada, com uma insurreição contra os tanques e destacamentos motorizados. Alguns chegaram, se não me engano, a elaborar seus planos, que devem estar dormindo até hoje em suas respectivas pastas. A motocicleta, da qual o inimigo fazia grande e bom uso, só circula bem e sem muitos acidentes em calçamentos de certa qualidade; mesmo os blindados sobre lagartas se deslocam menos lentamente no asfalto do que em pleno campo; o canhão ou o trator de tipo normal não aceitam outras vias.

Fiéis a seu programa de velocidade, os alemães enviavam seus elementos de contato quase exclusivamente por estrada. Portanto, não havia mais necessidade da proteção de posições com várias centenas de quilômetros de extensão, quase impossíveis de guarnecer e terrivelmente fáceis de localizar. Que mal, ao contrário, teria feito aos invasores algumas ilhas de resistência bem-localizadas nos itinerários rodoviários, bem-camufladas, suficientemente móveis e armadas com algumas metralhadoras e alguns canhões antitanque, talvez modestos 75! Quando vi em Rennes a coluna alemã que, composta em sua maioria de motociclistas, desfilava tranquilamente no bulevar Sévigné, senti crescerem em mim os velhos reflexos de soldado: inutilmente, pois não tínhamos à mão nada além de nossos secretários ou homens do parque de combustíveis, tanto uns quanto outros absurdamente desprovidos de armas desde o início da campanha. Seria, no entanto, bem tentador atacá-la, a maldita coluna, no canto de algum bosquezinho naquela região bretã tão favorável a emboscadas, nem que fosse apenas com o modesto material de uma companhia de artilharia de baixo calibre. Em seguida, depois do primeiro efeito perturbador, retornaríamos rapidamente à "toca" para recomeçar mais adiante. Tenho certeza de que três quartos de nossos soldados se apaixonariam prontamente por esse jogo. Ai de mim! Os regulamentos não previam nada semelhante.

Essa guerra acelerada necessitava, naturalmente, de um material próprio – que os alemães tinham e a França não, ou pelo menos não em quantidade suficiente. Isso foi dito e repetido: não temos tanques suficientes, aviões suficientes, caminhões, motos ou tratores suficientes e, com isso, fomos impedidos desde o início de realizar operações do jeito certo. Isso é verdade, incontestavelmente, e não é menos verdadeiro que as causas dessa lamentável e fatal penúria não eram todas de ordem especificamente militar.[16] Não esconderemos nada sobre esse assunto quando o momento chegar. No entanto, as falhas de alguns não desculpam as dos outros, e o alto-comando teria, por seu lado, dificuldades para alegar inocência.

Deixemos de lado, se quiserem, a condenação pelo crime estratégico que obrigou as tropas no Norte a abandonar, seja diretamente nas mãos do inimigo, seja nas praias de Flandres, o equipamento de três divisões motorizadas, três divisões ligeiras mecânicas, vários regimentos de artilharia motorizada e todos os batalhões de tanques de um exército inteiro. Como esse belo material teria sido útil nos campos do Somme ou de Aisne; era certamente o melhor equipamento de que a nação armada dispunha! Trata-se apenas, aqui, de preparação para a guerra. Se não tivemos tanques, aviões e tratores suficientes foi antes de mais nada porque nossas

[16] Nota de Marc Bloch: Hoje me dou conta de que esse material, certamente insuficiente, não faltava tanto quanto diziam. Fazia falta no front. Mas na retaguarda tínhamos tanques imobilizados em depósitos e aviões que nunca voaram. Tanto uns quanto outros às vezes em peças desmontadas. O que aconteceu em Villacoublay quando do avanço do exército alemão sobre Paris? Será verdade, como me disseram, que foi preciso destruir no local um grande número de aviões por falta de pilotos capazes de fazê-los decolar? Esse último fato não me parece totalmente improvável. Conheço um aviador civil devidamente convocado que, no entanto, nunca foi autorizado a subir num avião militar durante toda a guerra.

disponibilidades de dinheiro e de mão de obra, que já não eram infinitas, haviam sido engolidas pelo cimento armado sem que, no entanto, tivéssemos tido a sabedoria de cimentar a nossa fronteira do Norte de maneira satisfatória; porque fomos ensinados a depositar toda a nossa confiança na linha Maginot, de construção caríssima e fortemente reforçada pela publicidade, para, depois de interrompê-la cedo demais à esquerda, deixá-la finalmente virar, quiçá recomeçar por sobre o Reno (sobre esse espantoso episódio da passagem do Reno sei apenas o que a imprensa noticiou: ou seja, nada); porque no último minuto preferiram construir casamatas de cimento no Norte que, dispondo de defesas eficazes apenas na frente, foram pegas por trás; porque, para cobrir Cambrai e Saint-Quentin, nossas tropas tiveram de empregar todos os seus esforços na escavação de um esplêndido fosso antitanques que, um belo dia, os alemães alcançaram partindo de Cambrai e de Saint-Quentin; porque uma doutrina que circulava amplamente entre os doutrinários rezava que tínhamos chegado a um desses momentos da história estratégica em que a couraça supera a potência do canhão – traduzindo: em que a posição fortificada é praticamente inexpugnável – sem que, no entanto, o comando tivesse sequer a coragem de permanecer, no momento decisivo, estritamente fiel a uma teoria que garantiria ao menos que a aventura da Bélgica fosse condenada de antemão; porque vários sábios professores de tática desconfiavam das unidades motorizadas,[17] consideradas pesadas demais nas manobras de locomoção (cálculos lhes atribuíam, de fato, deslocamentos muito lentos, tanto que se imaginava que por segurança só poderiam se locomover à noite; a guerra de velocidade teve lugar, quase regularmente, em pleno dia); porque o curso de cavalaria da Escola de Guerra ensinava que os tanques, passáveis na defesa, tinham um valor ofensivo praticamente nulo; porque os técnicos, ou os que assim se apresentavam, consideravam o bombardeio de artilharia muito mais eficiente que os bombardeios aéreos,

---

17 Nota de Marc Bloch: "Por sua própria natureza, a instituição militar, fortemente hierarquizada, se alimenta de conformismo" (Paul Reynaud, *Le problème militaire français*, Flammarion, 1937).

sem pensar que os canhões precisam de munições que têm que chegar de muito longe, enquanto os aviões podem, eles mesmos, buscar as suas; numa palavra, porque, em meio a inúmeras contradições, nossos chefes pretendiam reeditar, em 1940, a guerra de 1915-18. Já os alemães faziam a guerra de 1940.[18]

Conta-se que, antes de estabelecer seus planos de combate, Hitler cercou-se de especialistas em psicologia. Ignoro se é verdade. Mas não me parece inverossímil. Com certeza os ataques aéreos que os alemães praticavam com tanto brio atestavam um conhecimento bastante profundo da sensibilidade nervosa e dos meios para abalá-la. Quem, depois de ouvir uma vez, poderá esquecer o assobio dos aviões quando "mergulham" em direção ao solo, prontos para cobri-lo de bombas? Aquele longo grito estridente[19] não assustava apenas por sua associação a imagens de morte e ruína. Por si só, por suas qualidades propriamente acústicas, ouso dizer, ele crispava completamente o indivíduo, preparando-o para o pânico. Ora, ele parece ter sido voluntariamente intensificado com a ajuda de aparelhos vibratórios apropriados, pois o bombardeio aéreo não foi concebido pelos alemães apenas como um meio de destruição e massacre. Por mais próximos que estivessem os alvos, os projéteis só conseguiam atingir um número relativamente pequeno de homens. Um choque nervoso, ao contrário, podia se propagar amplamente e debilitar a capacidade de resistência das tropas em vastas extensões. Esse era, sem dúvida alguma, um dos

---

[18] Nota de Marc Bloch: A máquina era o novo. Eis, sem dúvida, o motivo pelo qual os professores de estratégia nunca puderam apreciá-la devidamente. Pelo menos entre nós, J. de Pierrefeu escrevia na época (*Plutarque a menti*, p.300): "Robert de Beauplan, um dos enviados do *Matin* quando do famoso Circuit de l'Est, ao longo do qual a França realizou o milagre de sua aviação, contou-me uma espantosa conversa com o general Foch, comandante do X Corpo, na saída dessa prova triunfal. No palanque de Malzéville, quando o cortejo retornava aos carros, Foch tomou-o familiarmente pelo braço e disse: "Tudo isso, veja o senhor, é esporte: mas, para o exército, o avião é zero!" Interessante comparar tal propósito com um célebre prefácio do general Pétain sobre os perigos da motorização. Só que de 1914 a 1918 até mesmo os estrategistas tiveram tempo de sobra para compreender. [Julho de 1942]

[19] Os caças-bombardeiros Junkers j-82 Stuka eram equipados com uma sirene que emitia um assobio quando o aparelho mergulhava para lançar as bombas.

principais objetivos do comando inimigo ao lançar sobre nós, em ondas sucessivas, a sua aviação. O resultado correspondeu mais do que bem às expectativas.

Mais uma vez vejo-me obrigado a abordar um tema que me causa escrúpulos só de mencionar, pelo menos no que diz respeito a essa guerra. Somente os verdadeiros combatentes têm o direito de falar de perigo, de coragem e de hesitações de coragem. Vou relatar, no entanto, com toda a franqueza, uma breve experiência. Recebi meu batismo de fogo de 1940 (o de 1914 aconteceu no Marne) no dia 22 de maio, numa estrada de Flandres – não incluo na conta os bombardeios relativamente distantes de Douai ou dos arredores de Lens. Nesse dia, pela manhã, o comboio em que minha viatura se inseria foi sucessivamente metralhado por alguns aviões e bombardeado por outros. A metralhadora, que matou um homem não muito longe de mim, não me causou grande impressão. Claro que jamais é agradável afrontar a morte, e quando as rajadas cessaram experimentei uma satisfação bastante natural. Mas minha angústia sempre foi, do começo ao fim, mais razoável do que instintiva. Era um temor a frio: nada que lembrasse por pouco que fosse o verdadeiro medo. Que eu soubesse, o bombardeio aéreo não havia feito vítimas, pelo menos em minha vizinhança. Nem por isso deixei de ficar completamente atordoado, e quando me ergui, dentro do fosso onde fiquei encolhido durante a tempestade, tive de reconhecer que havia tremido nas bases. No final da campanha sofri alguns bombardeios de artilharia e, tendo já experimentado vários outros, seria o último a exagerar sua amplitude, embora não deixassem de ser bastante sérios. Suportei-os sem grande dificuldade e sem perder, creio eu, minha serenidade. Já as bombas aéreas só permitiam à custa de muito esforço conservar um ânimo pelo menos semelhante.

Havia no meu caso, sem dúvida, uma parte devida a reflexos adquiridos. Desde Argonne, em 1914, o zumbido de abelha das balas inscreveu-se nas circunvoluções de meu cérebro como um refrão na cera de um disco pronto para tocar ao primeiro giro de manivela, e meu ouvido não é tão malfeito que, em 21 anos, tenha esquecido a arte de avaliar a trajetória e o ponto de queda de um obus pelo som que ele emite. Sofri bem mais raramente um bombardeio vindo do céu e, diante desse perigo, me senti tão novato quanto os meus jovens recrutas. No entanto, a diferença de temperatura entre esses três tipos de emoção que acabo de descrever é um traço tão geral que sou obrigado a reconhecer que responde a razões menos pessoais e mais profundas. Não basta dizer que a ausência quase constante de nossos caças no céu hostil e a deplorável impunidade que isso garantia aos bombardeios inimigos tiveram grande importância no moral das tropas, pois isso não seria suficiente para explicar tudo.

Provavelmente o bombardeio aéreo não é, em si, mais perigoso do que várias outras ameaças às quais os soldados estão expostos. Pelo menos ao ar livre. No interior das casas, o desabamento das paredes e o abalo na atmosfera, repercutindo em ondas no espaço confinado, sempre resultaram em verdadeiros massacres. Mas a descoberto um bombardeio de artilharia, mesmo pouco cerrado, faz, penso eu, pelo menos várias vítimas; e a rajada de metralhadora ainda é a única que não poupa literalmente ninguém. Tivemos, desde os primeiros dias da campanha, um número relativamente baixo de perdas decorrentes de ataques de aviões inimigos, cuja atividade os relatórios vindos do front pintavam com cores muito vivas. Mas o bombardeio que cai dos céus tem uma capacidade de aterrorizar da qual só ele é capaz.

Os projéteis caem de muito alto e dão a falsa impressão de percorrerem uma linha reta. O jogo combinado do peso e da altitude lhes imprime um impulso formidável ao qual até os obstáculos mais sólidos parecem incapazes de resistir. Há em tal direção de ataque algo de inumano duplicado por essa força. Como diante de um cataclismo da natureza, o soldado baixa a cabeça, propenso a acreditar que está absolutamente indefeso. (Na realidade, uma trincheira e até mesmo se "jogar de barriga no chão" a tempo oferecem uma boa proteção contra as explosões, geralmente menos numerosas que as de um obus. Com exceção, claro, do impacto direto da bomba. Mas, quer se trate de aviação ou de artilharia, existe, como dizem os velhos soldados, "muito lugar por perto".) Os estrondos são pavorosos, selvagens, enervantes ao extremo: tanto o assobio intencionalmente ampliado de que já falei quanto a detonação que estremece o corpo inteiro até a medula. A própria deflagração, sacudindo o ar ambiente com uma violência inusitada, impõe ao espírito uma imagem de dilaceramento, copiosamente confirmada pelo espetáculo dos cadáveres abominavelmente estraçalhados e desfigurados até o horror pelos gases liberados pela explosão. Ora, o homem, que já teme a ideia da morte, não poderia temê-la mais do que nessa ocasião em que a ameaça de completa destruição de seu ser físico se acrescenta à da morte; talvez o instinto de conservação não tenha nenhuma forma mais ilógica nem tão profundamente enraizada quanto essa. Se a guerra tivesse durado mais tempo, é provável que nossos exércitos acabassem por se acostumar um pouco com os horrores do bombardeio aéreo, o que é um dos elementos quase indispensáveis de qualquer resistência ao perigo. A reflexão mostrou que, embora terríveis, os efeitos materiais não são, no entanto, únicos. Numa guerra de velocidade, os cálculos da psicologia alemã necessitavam ser precisos. Mas quanto desdém veríamos em nossos estados-maiores se apenas sugeríssemos a hipótese de tirar de seus laboratórios alguns sábios bizarramente ocupados em medir sensações para consultá-los sobre estratégia!

Em que medida seria lícito discutir a desordem dos estados-maiores? Além de os hábitos variarem muito, naturalmente segundo os grupos ou os chefes, o próprio termo é de uso bastante delicado, já que existe mais de uma espécie de ordem e, consequentemente, de desordem. Todos os estados-maiores que conheci praticavam, às vezes com irritante minúcia, o culto à "bela papelada". As frases devem estar dispostas com grande nitidez. As fórmulas de estilo devem obedecer às leis de uma tradição rigorosa. Nos quadros, as linhas devem ser dispostas em colunas, como numa parada. As pastas devem estar cuidadosamente classificadas; as peças, tanto na partida quanto na chegada, devidamente registradas. Trata-se, em suma, daquilo que poderíamos chamar de forma burocrática da ordem. Nada mais natural do que vê-la florescer entre homens destinados, em tempos de paz, a um tipo de vida eminentemente burocrático. Longe de mim desprezá-lo: ele força os espíritos à clareza; evita perda de tempo. Mas é uma pena que essa apreciável preocupação com a correção nos escritos não se estenda sempre aos ambientes. Nunca vi nada mais sujo nem mais fétido do que o local onde trabalhava um certo estado-maior de um setor fortificado; e o ajudante de ordens que deixava acumular em seus aposentos a metade da poeira que cobria nossas mesas e armários em Bohain não ficou muito tempo com a mesma patente. Devo admitir que conheço algumas antecâmaras de ministério, muitíssimo civis, que não apresentam um aspecto mais atraente. Mas isso não serve como desculpa. Podem me acusar de me ater a insignificâncias? Pois confesso que não aprecio a negligência nas coisas; ela contamina facilmente a inteligência. Eis aí, portanto, uma utilíssima reforma que poderia ser proposta à "reestruturação" francesa.

Tal como era praticada, a elogiável regularidade administrativa das notas ou quadros dos estados-maiores tinha também o seu reverso. Ela desperdiçava forças humanas que poderiam ser mais bem-empregadas. Encontrei entre meus colegas da reserva altos funcionários e chefes de grandes empresas privadas. Todos, como eu, reclamavam de ser obrigados a serviços relacionados a papeladas que, na vida civil, seriam entregues a seus empregados mais modestos. Encarregado do abastecimento de combustíveis de um exército, fui pessoalmente responsável, durante vários meses, pela contabilidade das cifras de minha situação diária. Não precisava, a bem dizer, de muito tempo e acabei me aperfeiçoando numa ginástica aritmética que me encontrou inicialmente um pouco enferrujado. No entanto, uma vez estabelecidos os princípios da contabilidade, qualquer escriba poderia executá-la pelo menos tão bem quanto eu. Meu caso nada tinha de excepcional. E seria inútil invocar aqui o princípio do "sigilo", pois meu rascunho era copiado em seguida por um simples soldado. É bom dizer também que um passeio de alguns minutos por nosso escritório, forrado de mapas dos depósitos de munições e de combustíveis do exército e de suas estações de abastecimento, seria suficiente para colocar nas mãos de um eventual espião, se realmente houvesse algum entre o nosso pessoal, informações bem mais preciosas que aquelas. A verdade é que os estados-maiores pareciam uma empresa que, muito bem-provida de diretores – representados aqui pelos oficiais – e datilógrafos, era, no entanto, totalmente desprovida de empregados propriamente ditos. E como seria fácil recrutar excelentes colaboradores desse tipo entre os suboficiais da reserva! Ora, nunca é bom que os homens sobrecarregados de responsabilidades importantes e que precisam dispor de um senso agudo de iniciativa tenham o espírito constantemente distraído por tarefas quase completamente mecânicas. Por outro lado, se os estados-maiores fossem mais bem-dotados de suboficiais, é provável que pudessem, pelo menos lá onde as preocupações do campo de batalha não eram tão presentes, ser aliviados de certo número de oficiais que, naturalmente, encontrariam postos mais adequados em outra parte.

No entanto, uma vez iniciadas as operações, por que o comando deu a muitos de nós e, a julgar por certas confidências, sobretudo aos oficiais executivos uma frequente e incontestável impressão de desordem? Acho que é porque a ordem estática do bureau representa, sob muitos aspectos, a antítese da ordem ativa e perpetuamente inventiva exigida pelo movimento. Uma é questão de rotina e treinamento; a outra, de imaginação concreta, de leveza de inteligência e, talvez, principalmente, de caráter. É verdade que uma não exclui a outra, mas a primeira não deve comandar a segunda e, às vezes, se não estivermos atentos, corre o risco de prepará-la mal. Durante o longo período de espera em que se prolongaram os hábitos dos tempos de paz, para grande prejuízo do exército francês, a boa ordem de que nos mostrávamos tão orgulhosos só era alcançada ao preço de uma grande lentidão. E quando foi necessário acelerar, muitas vezes nossos chefes confundiram agitação febril com prontidão.

Apresentar cotidianamente uma papelada de boa aparência não exige um esforço tão considerável quanto o exige o domínio de si, necessário para estabelecer, com grande antecedência, aplicação e flexibilidade, planos de ação que só serão colocados em prática numa data ainda incerta e que terão de se adaptar às necessidades de um tempo tumultuado. O que pude ver, pela primeira vez da mobilização, em 1939, me deixou muito chocado. Não pretendo discutir aqui o sistema de centros de mobilização, que substituiu, depois da guerra anterior, a organização direta pelo corpo de origem. Sei que sua criação teve mais de um adversário, até mesmo no alto-comando. A mim me pareceu capaz de acarretar inevitavelmente atrasos e dificuldades. Como a maioria dos uniformes e dos equipamentos continuava a ser fornecida pelos corpos de origem, para levá-los até o centro era preciso organizar um sistema de transporte incômodo e forçosamente lento. Ainda por cima, tenho a impressão de que ninguém se deu conta de que vestir reservistas quarentões com uniformes feitos para jovens recrutas, ou querer aparelhar pesadas montarias de requisição com arreios descartados pelos cavalos dos hussardos só poderia resultar em problemas realmente insolúveis para os pobres centros, "principais" ou "secundários". Pode-se acrescentar que justamente por causa de tudo o que havia de minucioso nesse trabalho os responsáveis por ele nem sempre eram bem-escolhidos. Conheci alguns perfeitamente competentes, mas também outros que, recrutados entre capitães ou chefes de batalhão em fim de carreira, tinham todos os defeitos que normalmente se atribui aos velhos ajudantes. A partir do momento em que tal sistema foi implantado, teria sido necessário pelo menos confiar seu funcionamento, que não poderia deixar de ser bastante delicado, a oficiais selecionados numa triagem cuidadosa, e fazer com que os anos passados nesse serviço pudessem servir como qualificação excepcional para futuras promoções. O exército sempre teve grande dificuldade para aceitar que a importância e o mérito de um cargo não devem ser medidos pelo que ele pode aparentar de brilho.

Porém, bom ou não, o regime de centros – e imagino que ele tinha, apesar de tudo, suas vantagens – não desculpa certos erros que nada tinham a ver com o princípio em si. Qual dos oficiais, tendo servido em uma determinada região ou em um grupo de subdivisões, pode relembrar, sem um sorriso triste, o inacreditável emaranhado de "medidas" previstas, número após número, para o período dito "de tensão" que deveria preceder a mobilização geral? Acordado no meio da noite, por um telegrama que ordenava, por exemplo, "aplique a medida 81", era preciso, ainda meio dormindo, se reportar ao "quadro", sempre mantido ao alcance da mão. Então verificava-se que a medida 81 exigia que se colocasse em prática todas as disposições contempladas na medida 49, à exceção das decisões que já tinham entrado em vigor através da aplicação da medida 93, se esta tivesse, por acaso, antecedido na ordem cronológica o lugar que seu número parecia lhe designar, e tudo isso acrescentando-se também os dois primeiros artigos da medida 57. Escolhi alguns números meio ao acaso, pois minha memória não me permite exatidão. Todos os meus companheiros reconhecerão que, de fato, até simplifiquei um pouco. Em tais condições, não era de espantar que muitos erros fossem cometidos. Foi por ter lido um pouco rápido demais o nosso guia anual que, em setembro de 1939, a Gendarmeria da Alsácia-Lorena procedeu ao massacre desnecessário de todos os pombos-correios de três departamentos. Aos oficiais que, longe de todos, num escritório mal-arejado da rue Saint-Dominique, perpetraram, número após número, esse quebra-cabeça chinês, certamente não faltava imaginação, mas, sem dúvida, não aquela que permite prever como será a execução das ordens.

Mas houve coisas mais graves. Sobre os famosos centros, sei de um que, localizado em Estrasburgo num bairro bem próximo do Reno, estava ao alcance da artilharia ligeira do inimigo, talvez até de suas metralhadoras. Um outro abrigava-se em um forte das redondezas, também perto do rio. O único acesso era uma ponte construída sobre as trincheiras: uma bomba ou um obus bem-colocados transformariam aquilo numa verdadeira ratoeira. Nada disso aconteceu, dirão alguns. Certo. Mas quem poderia prever que os alemães não bombardeariam Estrasburgo? A verdade é que esse dispositivo não enfrentou problemas, tanto que a cabeça de ponte de Kiel permaneceu desmilitarizada; em seguida, o alto-comando esqueceu-se de modificá-lo ou o modificou de maneira insuficiente.

Como não falar, finalmente, da abominável desordem na única mobilização que tive oportunidade de acompanhar de perto, a dos setores convocados para defesa do território, que dependiam diretamente do grupo de subdivisões? Quando nosso general assumiu o comando, descobrimos com estupor que não possuíamos nenhuma lista das unidades que ficariam sob suas ordens. Tivemos de improvisar o quadro, bem ou mal, na verdade mais mal que bem, à força de buscas em arquivos terrivelmente desorganizados. E que caos nas unidades! Quantos solavancos no caminho entre uma e outra! Aqui em nossa zona tínhamos duas seções cujo comando de companhia pertencia a outro grupo. Ali, algumas companhias, mas nenhum coronel. Nossos bravos vigias eram homens de idade; sua boa vontade se equiparava a seu espírito de iniciativa. Se poucos deles conseguiram se apresentar razoavelmente bem-calçados, nenhum, por milagre, morreu de fome. Mas nunca saberei como vivia certa seção que procurei em vão um dia inteiro, ao longo da linha de Saint-Dié. Certamente seria injusto tirar conclusões do particular para o geral. Mas tenho razões para crer que, em nossa área, a mobilização não foi preparada a contento. Dirigida, a princípio, por um oficial superior que de sua formação em estado-maior reteve sobretudo certas atitudes um pouco arrogantes, a tarefa foi efetiva e amplamente abandonada na mão de subalternos. Apesar de tudo, o exemplo não deixava de ser inquietante. Em 1940, pudemos constatar que vários erros haviam sido corrigidos. Mas não todos. Os centros, especialmente, não haviam mudado e os vigias estariam até hoje pisoteando o cascalho com sandálias ou sapatos leves se eles mesmos não tivessem providenciado calçados mais resistentes.

No I Exército, desde antes do mês de maio, não seria preciso nenhum espírito de observação extraordinariamente agudo para perceber e temer certas fissuras que, então mais ou menos inofensivas, ameaçavam se transformar em verdadeiras torrentes se caísse uma tempestade. De tão precária era a organização das comunicações.

A esse respeito, não tenho, pessoalmente, do que me queixar. Durante toda a campanha, consegui me comunicar sem esforço com os diversos destacamentos do parque de combustíveis e sem dificuldades sérias com as unidades que precisávamos reabastecer. A inteligente abnegação de Lachamp nos ajudou muito. Sempre que possível eu tomava cuidado, naturalmente, para não avançar sobre suas prerrogativas de chefe, que ele exercia com demasiada autoridade e competência para que sucumbíssemos a qualquer tentação de desrespeitá-las. Mas ficou combinado entre nós que, mais próximo do que ele das fontes de informação e menos nômade, eu poderia, em caso de verdadeira urgência, passar as instruções do exército diretamente a seus comandados. Pulando assim um degrau, pudemos algumas vezes ganhar muito tempo.[20] A experiência de uma outra guerra nos inspirou a ambos, aliás quase obsessivamente, um saudável terror do insuportável jogo de cabra-cega ao qual as ligações malpreparadas fatalmente conduzem. Apesar dos frequentes vaivéns do PC do exército e do parque, nunca deixamos de saber exatamente onde poderíamos nos encontrar e, à margem de qualquer regulamento, conseguimos montar todo um sistema particular de transmissões em nosso serviço.

Eu dispunha constantemente em meu bureau de dois motociclistas fornecidos, cada um, por uma das duas companhias de caminhões-tanque. Um e outro tinham de fazer previamente o reconhecimento da localização de suas próprias companhias e daquela do comandante do parque. Além disso, Lachamp destacava permanentemente um de seus oficiais para servir comigo. Quatro outros oficiais do parque faziam a ligação com os corpos do exército. Cada um deles passava sucessivamente, todos os dias e até várias vezes ao dia, pelo PC do exército e pelo corpo que lhe tinha sido designado. Esses bravos homens, entre os quais muitos não estavam no auge da juventude, tiveram de suportar a rudeza de estradas, que, além disso, não eram as mais seguras. Sei de um que, durante a nossa primeira retirada depois da ofensiva da Bélgica, procurou sua corporação por mais de 24 horas. Mas eles sempre acabavam chegando e foram singularmente úteis. De 11 a 31 de maio não precisei nem uma única vez, para enviar uma ordem ou receber um pedido de reabastecimento, recorrer ao bureau do "correio" encarregado, a princípio, das comunicações entre o estado-maior e as unidades subordinadas. Os resultados não permitem duvidar de modo

20 Nota de Marc Bloch: Na verdade, pulávamos mais de um. Segundo o regulamento, o parque de combustíveis só dependia do comandante do exército por intermédio do general comandante da artilharia do exército, representado, no escalão inferior, pelo chefe de esquadrão diretor do serviço de munições e combustíveis. A via hierárquica exigiria, portanto, que qualquer ordem do exército para o parque passasse, antes de chegar a seu objetivo, por essas duas autoridades superpostas. Era esse o caminho que os papéis oficiais seguiam invariavelmente em Bohain, e a lentidão do percurso nos preocupava sempre, a mim e a Lachamp, quando invocávamos as necessidades de uma época mais ativa. Felizmente, quando chegou a hora, pudemos curto-circuitar essa linha. Sem faíscas, graças à prestimosa boa vontade dos oficiais envolvidos.

algum que ordens e pedidos chegaram a seu destino. Pois nunca, creio eu, as tropas em combate ficaram desprovidas de combustível sem que, mesmo a poucas centenas de metros da linha de fogo, os nossos bravos "Mickeys" surgissem para reabastecê-las (esse era o apelido no exército dos carros do parque, cuja insígnia era um ágil e pequeno Mickey). E também nunca abandonamos depósitos onde o inimigo pudesse se reabastecer. Acendendo ao longo de nossa retirada, de Mons até Lille, mais fogueiras do que Átila, Lachamp e seus oficiais consumiram até a última gota, através do fogo, tanque após tanque. Preciso, no entanto, fazer uma observação sobre o pessoal de Saint-Quentin: ignoro até hoje qual foi o seu destino, pois fomos muito rápida e completamente isolados deles. Como nossos chefes logo reconheceram, na prática, que tudo ia bem, eles nos deixaram as rédeas quase completamente soltas. Ao menos por isso sou muito grato a eles.

Temo bastante, por outro lado, que lá onde essa autonomia ou esse entendimento não puderam se concretizar, os contatos entre os diversos escalões do comando ou, no mesmo nível, entre as unidades de mesma categoria, nem sempre funcionaram de modo completamente satisfatório. Ouvi muitas vezes vários oficiais da tropa se queixarem por terem ficado tempo demais sem ordens e, certamente, já dei alguns exemplos de como os estados-maiores só ficavam sabendo de modo muito precário e tardio o que acontecia no front. Nas estradas cheias como tão logo as nossas ficaram, sobretudo de refugiados, existe apenas um meio de transporte capaz de se enfiar por toda parte: a motocicleta. E, se bem me lembro, o correio do exército não possuía nenhuma. Até mesmo o número de nossos automóveis era pequeno, além de maldistribuídos. Desde o inverno, muitos de nós estávamos preocupados com esse estado de coisas, decorrente, antes de tudo, de falha na organização e na supervisão. Ninguém remediou a situação. E os efeitos puderam ser sentidos durante toda a campanha.

Desde o começo das operações ativas, o PC do exército foi transferido, como todos lembram, de Bohain para Valenciennes, com o objetivo evidente de diminuir a distância da Bélgica, onde penetravam nossas tropas. Quando cheguei a Valenciennes, nas primeiras horas da tarde do dia 11, logo me preocupei em me apresentar em Mons para acertar com o estado-maior belga local a requisição de depósitos de combustível. A missão, todos concordavam, era urgente. Pois acabei descobrindo que, como todas as nossas viaturas estavam ocupadas na mudança, indo e vindo entre a antiga e a nova localização do PC, eu não teria como me locomover. De que adiantaria sair de Bohain se não haveria como seguir adiante nas estradas? Por sorte, recebi durante o dia a amável visita de um notário de Lille que exercia as funções de adjunto do comandante do grupo de transporte. Ele veio me pedir combustível. Cinicamente, respondi: "É dando que se recebe. Nada de combustível se o senhor não me conseguir um carro." A negociação foi concluída e, finalmente, pude partir para Mons. A lição me serviu, e em seguida comecei a estabelecer minhas ligações por conta própria, conforme já contei um pouco.

Além disso, através de que milagre as ordens chegariam a tempo se muitas vezes o exército sequer sabia onde estavam os seus diversos destacamentos? No dia em que o corpo de cavalaria fez um deslocamento, o oficial de ligação do parque de combustíveis foi, como de hábito, estabelecer contato com seus bons clientes. Quando retornou, levei-o até o 3º bureau. Achei prudente verificar se nossos grandes táticos conheciam a localização exata do novo PC. Verificação feita, constatou-se uma diferença de cerca de 30 quilômetros entre a localização real e o ponto que eles tinham assinalado no mapa com um lápis. Ouço até hoje o "obrigado" nada convicto que recompensou nossa intervenção. As incertezas eram semelhantes nas ligações laterais. Mais tarde, foi necessário despachar Lachamp para o estado-maior das forças britânicas. Era uma questão importante: nada mais, nada menos que a destruição dos depósitos de Lille. Onde encontrar o quartel-general de lorde Gort? Atravessando mais uma vez a temível porta do 3º bureau, formulei a pergunta. B... me respondeu, sem piscar, que não tinha a menor ideia. Felizmente, consegui colocar as mãos numa das folhas de papel espalhadas por ali que, entre outras indicações de natureza análoga, continha essa também. Nossos companheiros estavam menos mal-informados do que eles próprios supunham. Mas só o fato de um oficial encarregado de operações conseguir suportar, nem que fosse por um minuto, a ideia de que a falta de uma indicação topográfica elementar poderia privá-lo de qualquer meio de comunicação com o comando das tropas aliadas, que combatiam imediatamente à nossa esquerda, e de não ter nenhum pudor em confessar friamente essa ignorância, que ainda por cima não era real, diz muito sobre as condições de trabalho que nos eram impostas.

Por falar nos "ingleses", alguma vez soubemos organizar nossa cooperação com eles? Em nenhuma outra situação a fatal precariedade de nossas ligações, no sentido pleno da palavra, apareceu sob uma luz mais cruel.

O problema da aliança frustrada é muito complexo e, por ter sido abordado sempre de maneira indireta, já deu lugar a polêmicas demasiado veementes e maldosas. É preciso, de uma vez por todas, ter a coragem de enfrentá-lo de frente. Pelo menos na medida de minha experiência.

Tenho amigos queridos na Grã-Bretanha. Eles facilitaram meu acesso à sua civilização, que sempre me foi hospitaleira e pela qual sinto um interesse vivo e de longa data. Hoje, mais do que nunca, ao vê-los com seus compatriotas arriscando suas vidas e defendendo a causa pela qual eu aceitaria enfrentar a morte, sinto-os mais próximos de meu coração. Não tenho como saber se algum dia as linhas que se seguem cairão sob seus olhos. Caso as leiam, talvez fiquem chocados. Mas são pessoas sinceras e saberão, espero, perdoar minha franqueza.

A anglofobia em muitos ambientes franceses é objeto hoje de uma miserável exploração. Ela não pode ser negada e tem origens diversas. Algumas remontam a reminiscências históricas, às vezes mais tenazes do que imaginamos: a sombra da Donzela ou dos fantasmas coléricos de Pitt e de Palmerston[21] nunca deixaram completamente de se perfilar como pano de fundo de uma opinião coletiva dotada de memória. Talvez fosse proveitoso para um velho povo saber esquecer mais facilmente, já que

---

[21] William Pitt (1759-1806), primeiro-ministro inglês na época da Revolução e do Império (1784-1801 e 1804-1806, respectivamente), implementou uma política decididamente hostil à França. O visconde de Palmerston (1784-1865), ministro das Relações Exteriores por duas vezes, ficou conhecido por sua intransigência em relação à França, dificultando, sobretudo, sua ação na Bélgica (1830).

a lembrança às vezes embaça a imagem do presente e o homem precisa, antes de mais nada, se adaptar ao novo. Outras fontes são mais factuais e muito mais impuras. Os leitores de certo hebdomadário bastante difundido no exército[22] souberam, recentemente, nos tempos da campanha italiana contra a Etiópia, que o dever nos conclamava à "destruição" da Inglaterra. O artigo era assinado, mas aquela era realmente a assinatura de seus verdadeiros inspiradores? Todos sabem que não eram franceses. Tem mais. É inevitável, sem dúvida, que duas nações tão diferentes, a despeito dos ideais comuns que as animam, tenham dificuldades para se conhecer, se compreender e, consequentemente, se estimar. Isso é verdadeiro, de uma verdade igual dos dois lados do canal da Mancha; e não acho também que no inglês médio, sobretudo o da pequena burguesia, os preconceitos clássicos contra a proximidade com os "gauleses" tenham perdido todo o seu antigo vigor. Mas é incontestável que, ao longo de nossa recente e muito curta confraternidade de armas, certos episódios não contribuíram para dissipar os mal-entendidos.

O exército nacional recrutado ainda não tinha grande importância nas forças britânicas, que foram nossas vizinhas nas terras de Flandres durante os longos meses de expectativa, ocupavam nossas cidades e eram responsáveis pelo policiamento das estradas. A tropa, pelo menos, era quase inteiramente composta de profissionais e tinha, sem dúvida, todas as qualidades de um exército de ofício. E alguns de seus defeitos também. O soldado à moda de Kipling obedece bem e luta bem – e daria prova disso mais de uma vez, derramando seu sangue nos campos de batalha da Bélgica. Mas é propenso à pilhagem e à esbórnia. São dois vícios que nossos camponeses dificilmente perdoam quando exercidos à sua custa ou de sua família. No continente, aliás, os ingleses raramente se mostram sob uma boa luz, ao menos quando não pertencem a meios particularmente refinados. Em casa, eles são quase invariavelmente de uma genti-

[22] Marc Bloch faz alusão aqui ao *Gringoire*, jornal de Horace de Carbuccia, que reuniu os artigos anglofóbicos de Henri Béraud em livro publicado em 1935 sob o título *Faut-il réduire l'Angleterre en esclavage?*.

leza perfeita. Uma vez ultrapassado o canal, tendem sempre a confundir um pouco o anfitrião europeu com o *native* – leia-se indígena das colônias, por definição, homem de categoria inferior –, e o que carregam de timidez natural serve apenas para confirmar sua rigidez. Mas estas são com certeza coisas sem importância, se comparadas aos sentimentos profundos e aos grandes interesses nacionais. Quem, no entanto, poderia negar o seu peso em uma opinião pública provinciana como a nossa, sempre desconfiada do estrangeiro e um tanto fechada em si mesma?

Depois de algumas duras semanas, chegaram finalmente os dias do embarque. Não formarei fileiras com os que censuram os britânicos por terem marcado nitidamente sua decisão de serem os primeiros, sem permitir que nenhum de nós, com pouquíssimas exceções, colocasse o pé na ponte de um navio antes que suas próprias tropas, completas, tivessem deixado a costa. À exceção de nossas forças que defendiam o front do mar, seu exército era o mais próximo do litoral. Por outro lado, eles se recusavam, o que é bastante natural, a se deixar envolver, corpos e bens, num desastre pelo qual não se consideravam responsáveis. Quando os marinheiros da Union Jack acabaram de garantir a salvação de seus compatriotas, dedicaram-se à nossa. Sua abnegação diante do perigo e sua solicitude cordial para conosco foram as mesmas que dedicaram a seus primeiros passageiros.

Porém, vamos tentar mais uma vez compreender as inevitáveis reações do sentimento. Nossos soldados, privados por seus próprios chefes de qualquer capacidade de combate, esperavam desesperadamente, na longa praia de Flandres ou entre as dunas, pelo momento de escapar das prisões do Terceiro Reich. Sentindo o inimigo cada dia mais perto e expostos a bombardeios cada dia mais violentos, sabiam muito bem que nem todos conseguiriam partir, e, de fato, nem todos partiram: que corações sobre-humanamente caridosos eles precisariam ter para contemplar sem amargura os barcos partindo um depois do outro e levando para a liberdade os soldados de uma nação estrangeira? Heróis sim, se quiserem, mas não santos. Acrescente-se a isso, em certos pontos, o aguilhão de incidentes, talvez difíceis de prevenir em tal agitação, mas próprios para irritar uma sensibilidade já à flor da pele. Como a história – perfeitamente autêntica, posso garantir – daquele agente de ligação francês em um regimento britânico que, depois de vários meses de camaradagem no acampamento e no combate, se viu abandonado na areia, com todas as barreiras fechadas, diante do navio onde seus amigos da véspera ganhavam as passarelas. A atenção tocante que cercou muitos de nossos homens ao pisarem em solo inglês muito contribuiu para cicatrizar tais feridas. No entanto, algumas vezes até esse bálsamo faltou. A recepção das populações foi invariavelmente afetuosa; já a das autoridades nem sempre soube se distanciar de uma rigidez um pouco desconfiada. Os campos, cá e lá, adquiriram às vezes um ar de penitenciária. Tropas extenuadas são sempre difíceis de manejar. Não é de espantar que uma administração encarregada de uma tarefa tão delicada, que exigia antes de tudo boa organização, tenha tido falta de tato algumas vezes; mas também é perfeitamente natural que tais erros, lá onde se produziram, tenham deixado suas marcas nas memórias.

Muito se disse que a ajuda dos britânicos foi insuficiente. Como isso era dito com a intenção de desculpar nossas próprias falhas, chegou-se mesmo a lançar mão de números mentirosos. Tenho as melhores razões para ter certeza de que suas divisões em Flandres eram muito mais do que três.[23] Mas essa propaganda perniciosa não inventou todas as coisas que a alimentaram.

Aos olhos de quem conhece um pouco tradições políticas e sociais mais distantes das nossas, o alistamento passará sempre por ato de grande coragem. Mas é difícil negar que essa coragem foi um pouco tardia e ninguém ficaria espantado se, na linha de fogo, um francês de 34 anos se perguntasse às vezes por que o inglês de sua idade continuava em casa. Mais tarde, a Grã-Bretanha compensou tal atraso mais do que bem, com sacrifício. Quem na época previa o que estaria por vir?

Também é certo que quando o I Exército decidiu tentar penetrar as defesas inimigas do norte para o sul, na direção de Arras, combinando

---

23 De fato, o corpo expedicionário britânico contava, na realidade, com treze divisões; ver Karl-Heinz Frieser, *Le mythe de la guerre-éclair*, Belin, 2003.

essa penetração com o movimento empreendido no sentido inverso pelas tropas francesas do Somme, o comando britânico retirou quase na última hora o apoio que havia prometido. Naturalmente, esse gesto criou rancores duradouros. E houve também os aproveitadores: um pouco mais tarde, um cético do nosso 3º bureau diria, assim que foi informado da capitulação belga: "Eis aí uma grande chance para o general Blanchard." Nosso cerco havia sido decidido bem antes da defecção de Leopoldo III[24] e estava quase completo quando os britânicos deram para trás, com a ofensiva já projetada. Mas existe anteparo mais confortável para os nossos erros do que as falhas alheias?

No fim das contas, foi preciso renunciar, do lado norte, a qualquer esforço sério para romper o "bolsão alemão". O recuo inglês certamente contribuiu para arruinar a empreitada antes mesmo que começasse. Não foi, receio, muito elegante. No pior dos casos, se parecia impossível no momento manter os compromissos assumidos, em razão da mudança da situação estratégica, o estado-maior do corpo expedicionário teria feito melhor se não deixasse, como parece que fez, o comando francês na ilusão ou na incerteza. (É bem verdade que sobre esse assunto só ouvi, naturalmente, uma voz: a nossa.) No fundo, a decisão de lorde Gort tinha suas justificativas.[25] Em todo caso, o historiador, que busca antes compreender do que julgar, não teria dificuldade para explicá-las. É aqui que precisamos começar a olhar o outro lado do quadro.

Nossa própria ofensiva para o sul se armava com lentidão. Os reconhecimentos, a instalação, a preparação da artilharia, em suma, todas essas operações preliminares que a doutrina considerava indispensáveis exigiam muito tempo. Elas provocaram, na primeira vez, atraso na deflagração das operações. Tratava-se, no projeto, de uma cópia em menor escala da

---

[24] Em 28 de maio de 1940, Leopoldo III, rei dos belgas, ordenou a capitulação do exército belga sem advertir os anglo-franceses e foi desautorizado pelo governo e pelo Parlamento belgas, refugiados em Paris.

[25] Nota de Marc Bloch: Estou cada vez mais convencido de que era a única decisão prudente. Qual teria sido o futuro da guerra se todo o exército britânico tivesse se desgastado no continente, em maio-junho de 1940? Dura sabedoria, porém, que um oficial executivo francês dificilmente poderia alcançar na época. [Julho de 1942]

batalha de Malmaison.[26] Não sei se poderiam ter agido mais rápido. Talvez a disposição do exército, estendido até o Escault, já não permitisse isso. O que sei muito bem é que, se continuássemos naquele ritmo, correríamos o risco de sermos superados pelo inimigo. Não estávamos lhe deixando todo o tempo necessário para que, no espaço entre o nosso exército e o do sul, ele reforçasse suas tropas, no início apenas uma vanguarda, e acentuasse a pressão sobre nossas outras frentes? Ao que tudo indica, nossos aliados, que nesse meio-tempo também tinham sido violentamente atacados, sentiram o perigo e se afastaram para não serem arrastados por uma derrota que já previam.

E não precisaram de muito escrúpulo, uma vez que naquele momento já tinham começado a julgar nossos métodos sem indulgência. Essa retração da confiança foi, creio eu, o grande eixo psicológico de seu comportamento durante as duas últimas semanas da campanha de Flandres. Em alguns dias, pudemos ver os termômetros da aliança baixarem várias dezenas de graus. Desde o começo da guerra, os britânicos, como todos sabem, aceitaram um comando único. A bem dizer, sob uma forma um pouco incompleta e cuja aplicação acarretava efeitos estranhos. O GQG britânico estava sob as ordens de nosso generalíssimo. Mas sem intermediário. De modo que o chefe de nosso 1º Grupo de Exércitos, que dirigia as operações francesas de Ardennes até o mar, tinha bem no meio das tropas sob sua responsabilidade um destacamento de grande importância que ele não podia manobrar diretamente. Tal como era, a concessão feita pelo governo de Londres certamente custou caro a um orgulho nacional muito sensível e, entre os militares, a um orgulho profissional ainda mais fácil de melindrar. Ela se justificava, sem dúvida, pela preponderância numérica de nossas forças terrestres, que era esmagadora, mas também pela consideração que nossa formação estratégica inspirava. Depois de Doullens,[27]

[26] Vitória francesa, a batalha de Malmaison (17 de outubro a 2 de novembro de 1917) é o protótipo da batalha com objetivos limitados, concebida por Pétain depois dos sangrentos fracassos da primavera de 1917 no Chemin des Dames.

[27] Em 26 de março de 1918, a conferência interaliada de Doullens adotou um princípio de coordenação entre os comandantes das forças aliadas no momento em que os alemães

Foch conduziu os exércitos aliados à vitória. Todos encorajavam seu sucessor a imitá-lo. Em todo caso, nossos oficiais estavam totalmente persuadidos dessa pretensa superioridade de nossa ciência de estado-maior. Creio que algumas vezes mostraram-se um pouco persuadidos demais.[28] E o que aconteceu foi que, alguns dias depois, o inacreditável desmoronamento de nossos exércitos no Meuse trouxe bruscamente a ameaça de cerco a todos os que combatiam mais ao norte. E os britânicos ficaram com o sentimento de que não tinham nada a ver com esse desastre, que poderia resultar na perda completa do corpo expedicionário. Com isso, a confiança ficou abalada. A lentidão e a bisonhice de nosso desempenho fizeram o resto. Nosso prestígio tinha sucumbido e não nos esconderam isso. A culpa era de nossos aliados?

Depois que a ação conjunta projetada para Arras foi abortada parece que, sob o império de uma espécie de desilusão mútua, os estados-maiores dos dois lados se recusaram quase totalmente a colaborar. Quantas pontes os britânicos não explodiram na época para cobrir sua retirada, sem se preocupar em saber se não impossibilitariam a nossa! Da mesma forma, apesar dos protestos do engenheiro, destruíram prematuramente a central telefônica de Lille, retirando do I Exército quase todos os meios de transmissão. Não demonstravam consideração, julgávamos nós, e acho de fato que a decepção, sem dúvida legítima, que sofreram diante da precariedade de nosso comando levou alguns deles a esquecer por vezes a consideração devida aos que executavam as ordens, cuja bravura nunca esteve em dúvida.

Uma definição melhor das zonas indicadas para cada exército provavelmente teria evitado alguns incidentes desagradáveis. Não existia mais

tinham acabado de romper a linha de frente, no ponto de conexão dos exércitos inglês e francês. Em 14 de abril, Foch foi nomeado para comandá-la.

[28] Nota de Marc Bloch: Extraio do processo verbal do Comitê de Guerra de 26 de abril de 1940 ("Documentos secretos do Estado-Maior Geral francês", p.98) uma frase que diz muito sobre a insuportável vaidade de nossos estados-maiores. Com a palavra, o general Gamelin: "Cabe aos ingleses fornecer o esforço principal [na Noruega] ... *Além disso, temos de apoiá-los moralmente, ajudá-los a organizar o comando, fornecer-lhes o método e o ímpeto.*" Pobres de nós! [Julho de 1942]

nenhum poder com direito a impor limites. Anteriormente, a prerrogativa pertencia ao GQG francês, que era a única fonte de autoridade comum. Ora, depois do cerco, ele deixou de nos governar. Todavia, não seria possível um acordo amigável? Não sei se tentaram. Se o fizeram, não tiveram sucesso. Quem comandava Lille, em particular? Ninguém nunca soube. Antes de 10 de maio, a cidade certamente fazia parte da área britânica. Mas foi em torno dela que o I Exército acabou se concentrando. E foi ali, especialmente, que consumimos a maior parte de nossos combustíveis. Quando chegou a hora de inutilizar os depósitos, resolvemos não deixar a incumbência nas mãos dos aliados. Seus procedimentos de destruição – com uma mistura de alcatrão ou de açúcar ao combustível – nos pareciam insuficientes em comparação com o nosso, que era o fogo. Quando a questão lhe foi exposta, o general Prioux mandou redigir uma carta e uma ordem. Na carta dirigida a lorde Gort, ele parecia deixar, com urbanidade, a decisão em suas mãos. Na ordem, que era para nosso uso, ele se reservava totalmente esse direito. Sutil diplomacia que trazia à luz cruamente a incerteza geral a respeito dos direitos de cada um. A confusão, aliás, durou até o fim. Apenas um depósito não foi incendiado. Estava situado além de um canal cujas pontes já haviam sido destruídas pelos britânicos e em cujas águas, não sei por que motivo, os nossos foram proibidos de atravessar de barco. Quem era responsável por semelhante caos? Os britânicos certamente tinham sua parte de responsabilidade. Mas nós nos acomodamos com muita facilidade para que pudéssemos ser totalmente inocentes.

A ruptura moral teria sido menos profunda e suas consequências menos graves, sem dúvida, se nossas ligações com nossos aliados tivessem sido estabelecidas previamente de forma mais sólida. A situação, é preciso admitir, era bastante complexa. O estado-maior de lorde Gort funcionava ao mesmo tempo como GQG das forças britânicas e como QG do exército. Sob o primeiro título, comunicava-se diretamente com o nosso GQG; a Missão Francesa, comandada pelo general Voruz, representava o general Gamelin junto a ele. Sob o segundo título, estava, ou deveria estar, em constante relação com nossos dois exércitos assim localizados: o VII, limítrofe da costa, à esquerda, e o I, à direita. Aqui, a Missão não tinha muito mais a fazer. Cabia aos dois exércitos organizar o contato segundo suas conveniências. A bem dizer, durante o período de espera, essas relações conjuntas se reduziam no mais das vezes a questões banais de limites. Mas tínhamos o direito de duvidar que problemas bem mais importantes se colocariam assim que as operações ativas se iniciassem? E que uma solução satisfatória dependeria então, em larga medida, do que havia sido feito anteriormente para preparar o entendimento e, ao mesmo tempo, trocar informações? A esse respeito, aliás, os acontecimentos suplantariam todas as previsões: depois da penetração alemã, o GQG desapareceu de nosso horizonte e, em pouco tempo, o único traço de união possível, na prática, entre os britânicos e nós, dava-se no nível dos exércitos.

Como já disse, fui designado, a princípio, como oficial de ligação diante das forças britânicas. Durante as primeiras semanas em Bohain, dediquei o melhor de mim a essa função. Ninguém colocava obstáculos, mas também não ajudava muito. A transferência para o serviço de combustíveis não significou uma interrupção de meus esforços. No quartel-general britânico, então disperso entre algumas cidadezinhas miseráveis nas cercanias de Arras por razões de segurança, visitava mais especificamente o "Q"[29] (leia-se *kiu*), que era mais ou menos equivalente ao nosso 4º bureau. Em Douai, visitava um estado-maior de corpo de exército. Entrei em contato com a Missão Francesa. Mas logo me dei conta de que tais viagens intermitentes se podiam servir para resolver as pequenas dificuldades que iam surgindo, se mostravam impotentes para criar um verdadeiro contato.

No plano da ação, não existem ligações eficientes sem um pouco de camaradagem, e não existe camaradagem sem um pouco de vida em comum. Isso é verdade, sem dúvida, para todos os homens. Porém, mais ainda com relação aos britânicos, afáveis e confiantes, às vezes até quase a candura, quando aceitam alguém em sua intimidade, mas voluntariamente distantes com o visitante de passagem, apesar da perfeita cortesia. Alguém se apresentava em seus gabinetes? Eles davam a informação solicitada corretamente. Só isso, e nós, sem dúvida, não teríamos feito muito mais

[29] Nota de Marc Bloch: Abreviatura de Quarter-Master General's Branch.

também. Era suficiente? Nosso objetivo deveria ser aprender a manejar as engrenagens de uma máquina de guerra muito diferente da nossa e com a qual, no entanto, era preciso que nos harmonizássemos; penetrar suas fraquezas, se houvesse alguma (e que exército não as tem?); compreender para, em seguida, poder explicar sob pontos de vista que fatalmente nem sempre coincidiam com os do nosso comando; e, sobretudo, estabelecer aquelas relações diretamente humanas que são as únicas capazes de permitir sugestões fecundas de parte a parte sem atingir o amor-próprio de cada um, e de evitar, no momento do perigo, a funesta tentação do cada um por si. Algumas visitas de ocasião não poderiam bastar. Precisaríamos do chá das cinco, do uísque com soda, da atmosfera de clube que se prolonga, diante da mesa de trabalho, numa cooperação amigável. Em poucas palavras, é evidente que precisaríamos manter um oficial do I Exército permanentemente junto ao quartel-general. Esse era também o sentimento do chefe de estado-maior da Missão Francesa; era ainda a prática do VII Exército, cujos cuidados a esse respeito estavam infelizmente destinados, por culpa dos acontecimentos, a não ter quase nenhum efeito prático. Pois à exceção do 16º Corpo, reservado para a defesa de Dunquerque, ele seria quase totalmente retirado do front de Antuérpia, em 15 ou 16 de maio, creio eu, para ser jogado na brecha do Meuse e do Oise, onde seria quase completamente pulverizado.

No I Exército, limitávamo-nos a receber um representante do quartel-general britânico em nosso 3º bureau. O primeiro que conheci era um antigo oficial de carreira que tinha se tornado banqueiro na City. Suas maneiras, ao mesmo tempo atenciosas e bruscas, seu jeito de *bon-vivant*, seu humor, mais original entre nós do que devia ser em casa, construíram sua popularidade. Devotado ao trabalho, diziam que era ciumento da autoridade que vinha de sua missão. Talvez, do nosso lado, o zelo um pouco destemperado de alguns de nossos camaradas certamente não o poupou de ameaças de ingerência, que ele já tinha decidido não suportar. De minha parte, tive com ele a melhor das relações. Mas com certeza era um homem que preferia ter todos os fios de ligação nas mãos. Temo que sua influência junto a nossos chefes não tenha sido, sob esse aspecto, sempre inofensiva. Ele era, acima de tudo, extremamente hábil. Além disso, profundamente imbuído de certas posições sociais, das quais a grande burguesia inglesa raramente se isenta; também não escapava, imagino, dos preconceitos nacionais igualmente inerentes à velha tradição "tory",[30] embora tivesse tato suficiente para não demonstrar isso.

Seria muito ingênuo contar com ele para obter informações sobre as eventuais deficiências do equipamento ou dos métodos britânicos. Mas ele nos deixou pouco antes de 10 de maio para ocupar um posto no Ministère du Blocus,[31] em Londres – cedo demais para os serviços que, num período mais ativo, com certeza não deixaria de nos prestar. Convivi bem menos com seu sucessor, que tinha a mesma cortesia, mas menos traquejo. Profissionalmente, só lidei com ele uma vez, em Lens. Na ocasião, pareceu-me preocupado principalmente em se eximir de qualquer responsabilidade. No entanto, quaisquer que fossem as idiossincrasias desses delegados do exército aliado, nem mesmo os melhores entre eles poderiam fornecer, pensando bem, mais do que a metade de uma representação diplomática. Para manter as relações com um país amigo, saber o que acontece e estabelecer uma amizade sobre a base segura da compreensão mútua, que governo se limitaria a dar hospitalidade ao embaixador da nação estrangeira? E sob que pretexto se contentaria em apoiar esse plenipotenciário, renunciando a enviar para lá o seu próprio representante?

Um dia, portanto, reunindo toda a coragem de que dispunha, pedi uma audiência a nosso subchefe de estado-maior, que acumulava, na época, a função de chefe. Expus o melhor que pude os argumentos que acabei de apresentar. Não deixei de afirmar que não reivindicava de modo algum as funções de oficial destacado para o quartel-general de lorde Gort, pois pensava que elas cabiam a companheiros mais afeitos à arte militar. Mas fui inábil. Temendo que minha visão pessoal tivesse pouco peso, pensei que seria interessante apoiá-la na opinião mais autorizada do chefe de

---

[30] Membro ou eleitor do Partido Conservador inglês. (N.T.)

[31] Ministério do Bloqueio ou Ministério da Guerra Econômica, reunindo franceses e britânicos para organizar o bloqueio comercial da Alemanha. (N.T.)

estado-maior da Missão Francesa. Ai de mim! O tenente-coronel a quem minha argumentação se dirigia era inimigo íntimo do tenente-coronel que resolvi usar como referência. Certamente, não ajudei a reforçar minha argumentação. Os caminhos da Escola de Guerra estão semeados de emboscadas sob os pés de quem não foi criado em seu terreiro! Meu interlocutor me deixou falar, com toda a cortesia. Em seguida, declarou que não estava absolutamente convencido: a seu ver, a presença entre nós de um oficial britânico era totalmente suficiente. Mais tarde tentei levar a questão ao GQG. Mais uma vez, sem sucesso. E como ninguém dissesse nada, desisti de cumprir meus vaivéns de outrora na estrada de Arras para meros minutos de vagas e ociosas conversas e fui me dedicando cada vez mais exclusivamente aos combustíveis.

Durante a campanha, um oficial superior de nosso estado-maior que já havia mantido contatos anteriores com os britânicos foi nosso agente regular junto ao QG. Inteligente e com espírito bem mais aberto que a maioria de seus pares, ele deu, estou convencido, não apenas o melhor de si: fez mais do que qualquer outro poderia fazer. Mas ele nunca tinha vivido na intimidade com nossos aliados, nem pôde fazê-lo então, já que passava a maior parte do tempo correndo de PC em PC. E as circunstâncias eram as mais desfavoráveis ao desenvolvimento da confiança, que só poderia resistir aos acontecimentos se tivesse raízes profundas a seu favor. Uma verdadeira aliança é uma criação contínua: não se escreve em papel e só subsiste por meio de uma multiplicidade de pequenas relações humanas cujo conjunto forma um laço sólido. E nós, no I Exército, tínhamos esquecido isso quase completamente. Tal negligência acabou nos custando caro.[32]

Quando de minha chegada ao exército, passei, como já disse, alguns dias no 2º bureau, que é o de informações. Em seguida, meus esforços para estabelecer uma lista precisa e atualizada dos depósitos de combustível

---

[32] Nota de Marc Bloch: Sobre as insuficiências de ligação entre nossas forças e o corpo expedicionário, ver a exposição de Churchill no Comitê de Guerra Franco-Britânico em 22 de maio e seu telegrama do dia 24 ("Documentos secretos do Estado-Maior Geral francês", p.57 e 132, julho de 1942).

belgas me colocaram em contato com os 2os bureaux do grupo de exércitos e do GQG. Eu seria, aliás, um péssimo historiador se não demonstrasse um interesse particularmente vivo pelas questões de informações e testemunhos. No entanto, justamente porque era historiador, os métodos em uso à minha volta não demoraram a me infundir inquietações cruéis.

Não gostaria de ser malcompreendido. Não pretendo de modo algum englobar numa condenação *a priori* todo um grupo de homens entre os quais com certeza encontravam-se inúmeros trabalhadores devotados e competentes, seja na ativa, seja na reserva. Ao longo de minha pesquisa, encontrei no 2º bureau do GQG se não uma ajuda bastante eficaz, pelo menos uma recepção sempre amável, e no grupo de exércitos uma compreensão e uma ajuda verdadeiramente preciosas. Éramos pouco favorecidos no exército, e quando as línguas se soltavam no estado-maior ninguém fazia mistério disso. O oficial, de ares pretensiosos, que comandava o nosso 2º bureau poderia certamente figurar com honra num dia de revista, à frente de um batalhão muito bem-posto. Não tenho razões para duvidar de que ele também se comportaria muito bem no campo de batalha, mas a tarefa que lhe fora designada o superava amplamente e de modo evidente. Mas aqui também, quaisquer que tenham sido as falhas da direção, não havia apenas sombras. Tive excelentes camaradas, quase amigos, no 2º bureau, especialmente na seção dos intérpretes, dirigida com uma saborosa e eloquente autoridade por um industrial de Lyon. Todos eles davam o melhor de si, com muita abnegação e, dentro de suas possibilidades, necessariamente um tanto limitadas, com incontestável inteligência.

No entanto, é preciso reconhecer: como estávamos mal-informados! Pude seguir de perto uma parte do trabalho de informação sobre a Bélgica. Já contei que, a respeito das localizações, capacidades e extensões dos depósitos de combustível, o GQG só nos forneceu, desde o início, indicações vagas e muitas vezes errôneas. Pior ainda, não havia a menor preocupação em providenciar melhorias. E como seria organizado, no próprio exército belga, o serviço de reabastecimento de combustível, com o qual seríamos forçosamente chamados a colaborar em caso de aliança contra um agressor comum? Tentei saber. O general Blanchard dispôs-se a assinar de próprio punho uma carta pedindo algumas informações suplementares a esse respeito, mas nunca obteve qualquer resposta. Tenho fortes razões para acreditar que tanta desinformação não era inerente apenas ao meu serviço e se devia a várias razões.

Para começar, ao número excessivo de órgãos de informação e ao espírito de rivalidade que, seguindo uma tendência deplorável, sobre a qual falaremos mais adiante, estabeleceu-se quase fatalmente entre nós. Os adidos militares não dependiam do GQG, mas do ministério, eminentemente zeloso de suas prerrogativas. Sob o disfarce de um falacioso respeito à neutralidade, ministério e GQG concordavam, por sua vez, em proibir aos estados-maiores subordinados qualquer prospecção direta na Bélgica. Nem por isso, na verdade, o grupo de exércitos e os exércitos deixaram de fazer seu trabalho de maneira independente. Mais de uma informação útil chegou às nossas mãos por essa via mais ou menos sub-reptícia. Não teria sido melhor organizar uma convergência de esforços?

Teria sido conveniente também dirigi-los melhor, com um senso mais agudo de realidade. Um 2º bureau deveria ser concebido como uma espécie de agência que teria por clientes os múltiplos órgãos do comando. Ela responderia às suas demandas: as da artilharia, da aviação, dos tanques, dos serviços responsáveis pela organização da circulação por via férrea ou rodovia, assim como dos bureaux de estudos estratégicos, que dominam todos eles. Cada um desses órgãos de comando tem suas questões particulares que os não especialistas tendem sempre a negligenciar. A agência tentaria prever e satisfazer de antemão as suas necessidades e passaria a cada um, assim que os recebesse, os dados de que precisavam.

Ao invés disso, a busca da informação quase nunca deixou de se mover de forma circular, limitada por tradições que quase não levavam em conta a guerra de material. Antes de mais nada, buscavam reconstituir hipoteticamente "a ordem de batalha inimiga" – ou seja, a disposição de suas unidades –, que deveria mostrar suas intenções. Contudo, em razão da velocidade dos movimentos ela era quase sempre suscetível de pelo menos três ou quatro interpretações antagônicas. Acrescente-se a isso, acessoriamente, algumas pesquisas de natureza moral ou política que em geral demonstravam uma cândida ignorância da verdadeira análise social. Lembro-me de uma brochura sobre a Bélgica que pretendia esclarecer os mecanismos internos do país, mas ensinava, no melhor estilo do *Almanach de Gotha*, que o reino era uma "monarquia constitucional". A experiência nos mostrou como!

Quanto à difusão das informações, uma velha piada que circula nos estados-maiores conta que um 2º bureau, assim que fica sabendo de alguma coisa, trata de transformá-la em documento, escrever "secretíssimo" no seu cabeçalho com tinta vermelha e depois guardá-lo bem longe dos olhos daqueles a quem o conteúdo poderia interessar, num armário com fechadura tripla. Um dia, tive a prova de que a história não era simplesmente lendária. Tinha conseguido que nosso 2º bureau transmitisse aos corpos de exército a lista comentada dos depósitos belgas de combustível, tal como tínhamos finalmente estabelecido. Algum tempo depois, tivemos ocasião de enviar às grandes unidades uma instrução geral relativa ao abastecimento de combustível em caso de penetração na Bélgica que tratava essencialmente das requisições e, em seguida, da instalação pelo exército de seus próprios depósitos; quanto à geografia dos recursos locais, limitava-se a fazer referência ao quadro expedido anteriormente. Em cada estado-maior, ela foi enviada justamente ao 4º bureau, encarregado do abastecimento. No mesmo dia, recebi um telefonema um pouco áspero do camarada que, num dos corpos, dirigia o serviço correspondente ao meu: "Sua instrução falava de um quadro. Nunca vimos quadro algum." Tratamos de nos informar. O envio tinha ocorrido regularmente. No entanto, como tudo o que vem de um determinado bureau segue por um declive inelutável até chegar, no escalão inferior, ao bureau do mesmo tipo, o destinatário acabou sendo o 2º bureau do corpo em questão. E lá o papel foi imediatamente lacrado no famoso cofre-forte dos segredos, sem que ninguém se preocupasse um instante sequer em informar ao único oficial capaz de utilizá-lo. À minha volta, todos deram de ombros: "Eles são assim mesmo!" Quanto a impor uma sanção ou tomar as medidas necessárias para que erros desse tipo não acontecessem de novo, tal ideia não passou pela cabeça de ninguém, tão arraigada era essa rotina.

Nosso 2º bureau, como todos sabíamos, não era nenhum modelo. No entanto, os documentos que produziu durante o período de espera e, ao menos teoricamente, de estudos que precedeu a ofensiva alemã surpreenderam até os mais experientes. Certa carta dos transportes ferroviários ficou famosa: um traçado desastrado da fronteira transformava Aix-la-Chapelle numa cidade belga e a estrada de ferro Hamburgo-Berlim estava classificada entre as linhas de baixa capacidade. Mas, nesse caso, a evidência do erro não permitiria que ninguém se enganasse. O "boletim de informações" que circulava em intervalos curtos exibia falhas de concepção mais sutis e, consequentemente, mais graves. Imaginem um pesquisador estabelecendo de tempos em tempos um balanço de sua pesquisa; um arqueólogo, por exemplo, que publica os sucessivos relatórios de suas buscas; um médico que entrega aos alunos as anotações da evolução de uma doença; ou ainda o famoso caderno de experiências de Pasteur. O que esperar desses relatos sinceros? Que digam a cada estágio: eis aqui um testemunho que, incerto antes, encontra-se hoje em dia confirmado; uma interpretação, ao contrário, até ontem quase indiscutível e que hoje o progresso de nossa informação nos força a derrubar; mais além – quando se trata não mais de coisas passadas, mas de fenômenos estudados em seu curso –, eis um fato novo, índice, talvez, de uma transformação capital. Em outros termos, como todo conhecimento é, por si mesmo, movimento progressivo do espírito, e como o conhecimento de acontecimentos mutáveis por natureza só pode, ademais, resultar do exame de sua curva, um relatório de pesquisas tomado isoladamente terá sempre pouco peso se não estabelecer relação com os relatórios precedentes. Ora, nossos diversos "boletins" se sucediam sem que nunca ou quase nunca o vínculo entre eles fosse claro. Ao confrontá-los com atenção, era muito frequente descobrir que se contradiziam ou que, depois de chamarem atenção uma primeira vez para um grupo de dados aparentemente ricos de possibilidades, abandonavam em seguida, sem explicações, essa linha de pesquisa. Será que a segunda informação tornava a primeira caduca? Será que tentavam simplesmente não se repetir? Será que a situação tinha realmente se modificado? Fina argúcia a de quem conseguisse essas respostas.

Ao revelar todo o meu pensamento, tenho receio de cair no pecado da calúnia. No entanto, perguntei-me mais de uma vez qual era, nessa incoerência, a parte da incompetência e a parte da astúcia. Todo chefe de 2º bureau vive sob o terror de que, no dia do "grande golpe", os fatos venham desmentir todas as pretensas certezas com que ele armou o comando. Oferecer uma grande escolha de indicações contraditórias não seria garantir os meios para poder dizer triunfalmente, não importa o que acontecesse: "Se tivesse me dado ouvidos"?[33]

Uma vez iniciadas as ações, qual terá sido a utilidade, dia após dia, dos serviços do 2º bureau para os estrategistas do estado-maior? Seria muito difícil para mim emitir uma opinião, pois nada chegou a meus ouvidos sobre o que o bureau pode ter dito ou feito. Uma coisa é certa: como os famosos "boletins" guardariam dali em diante um silêncio tão completo quanto prudente, os oficiais encarregados de funções semelhantes às minhas nunca tiveram do inimigo mais que as poucas informações que conseguiam pescar, por sorte e ao sabor de conversas ou encontros eventuais. Ou seja, praticamente zero. Entenda-se: não somente em relação à extensão de suas curiosidades, talvez ociosas, mas sobretudo àquilo que era indispensável saber para o bom exercício de seu próprio ofício. Quando porventura alguém obtinha por conta própria uma indicação de alguma importância, o que acontecia é que (já dei um exemplo), na falta de um centro de informações a seu alcance para poder transmiti-la, se via obrigado, em desespero de causa, a enviar o portador da informação até o comandante do exército em pessoa. Como se os dados desse tipo não tivessem de chegar já devidamente reunidos e filtrados a um chefe tão sobrecarregado de responsabilidades! A propósito, não era apenas no estado-maior, em seu conjunto, que esses centros, ou "agências" – para

[33] Nota de Marc Bloch: Sobre os maus hábitos dos 2os bureaux ainda bem antes da guerra, ver o testemunho esmagador de B. de Jouvenel em *La décomposition de l'Europe libérale*, p.212: "Nosso estado-maior demonstra uma vaidade pueril ao alardear nas páginas do Anuário (Anuário Militar da SDN) uma força que não temos, militares de carreira cujo engajamento ainda não foi concretizado e reservistas que não foram convocados. Agindo assim, ele reforça a tese alemã." Sobre 1914, cf. as *Mémoires* de Joffre, p.249 (informações falsas sobre os corpos de reserva alemães). [Julho de 1942]

retomar a comparação que fiz anteriormente –, encarregados ao mesmo tempo de informar e receber informações estavam previstos para funcionar sob a forma de um 2º bureau. A meu ver, no interior de cada bureau seria necessário ter pelo menos um oficial especializado nessa função, que certamente lhe tomaria todo o tempo. Será que alguém acredita que é fácil reabastecer as unidades com munições, víveres, material de infraestrutura ou combustível e fixar a localização dos depósitos de munição, das estações de abastecimento de víveres, dos parques de infraestrutura ou dos caminhões-tanque sem saber, em mais da metade do tempo, onde se encontram essas unidades, nem onde se encontra o inimigo?[34]

Os erros de método do nosso 2º bureau e de muitos outros serviços no conjunto dos exércitos não passaram, em sua maioria, despercebidos aos olhos de nossos chefes, e estou convencido de que entre eles ou em seu círculo mais próximo havia mais de um espírito suficientemente justo para não condená-los, em seu íntimo, com severidade. Como foi possível que nunca tenham provocado sequer uma sanção ou quem sabe uma simples transferência? "Não se sabe mais punir no exército francês", diziam de vez em quando os meus jovens camaradas da ativa. Fórmula sem dúvida um pouco brutal. Mas a crise de autoridade que ela expressava não é contestável: exige apenas uma análise mais profunda.

No passado, frequentei bastante os oficiais de tropa. Não tenho dúvidas de que se poderia encontrar entre eles, desta vez e da outra, um grande número de homens aptos a dirigir suas unidades com uma firmeza equitativa e flexível, tão afastada da desordem – cuja imagem considero, pessoalmente,

---

[34] Nota de Marc Bloch: Essa incapacidade de informar é, aliás, um vício antigo dos nossos estados-maiores. Em suas *Mémoires*, o duque de Fezensac relata que, certo dia, ao receber de Ney a missão de levar uma ordem a um dos generais subordinados ao marechal, quis perguntar para onde devia se dirigir: "Nada de observações, respondeu o marechal. Não gosto nada delas", e Fezensac acrescenta: "Nunca se discutia a situação das tropas. Nenhuma ordem de deslocamento, nenhum relatório chegava até nós. Tínhamos que nos informar como podíamos ou, melhor ainda, tratar de adivinhar" (citado por M. Leroy, *La pensée de Sainte-Beuve*, p.56). Aí está uma observação que poderíamos assinar embaixo, não é, Lachamp?! [Julho de 1942]

execrável – quanto dos absurdos do lendário "cão de guarda". É um belo ofício o de comandante de companhia, de batalhão ou de regimento, quando é bem-exercido, à francesa. Observei com frequência que desenvolve nos espíritos de boa têmpera as virtudes de humanidade pelas quais professo a mais viva admiração. Tive prazer em encontrá-las bem perto de mim no brilhante oficial de estado-maior que, antes de partir para destinos mais altos, foi durante algum tempo nosso subchefe de bureau. "Depois que ele saiu, ninguém mais nos dá atenção", diziam, melancolicamente, os secretários. Só os ineptos temem que a simpatia possa ser confundida com familiaridade.

Certos relatórios dignos de fé me deram a certeza de que, infelizmente, o governo dos homens não foi praticado em toda parte com tanta ponderação e humana inteligência. Existem duas expressões que gostaria de ver riscadas do vocabulário militar: "adestrar" e "chamar à ordem". Boas, talvez, para o exército do Rei-Sargento,[35] elas nada têm a ver com um exército nacional. Não pretendo negar de modo algum que aqui como em qualquer lugar, e talvez mais do que em qualquer outro, a disciplina é necessária e, consequentemente, a aprendizagem dessa disciplina. Mas ela não pode deixar de ser um prolongamento das virtudes civis e, segundo as belas palavras que Pierre Hamp[36] aplicava à verdadeira coragem, "uma forma de consciência profissional". Certo dia, um oficial se espantou diante de mim ao ver que as senhoras telefonistas da Central do exército faziam muito bem o seu trabalho: "realmente, tão bem quanto um soldado", disse ele num tom inimitável, onde o espanto ainda levava a melhor sobre a surpresa. Tal orgulho de casta poderia capacitá-lo a comandar tropas recrutadas em toda a população para a defesa do país, cuja maior parte se compunha de homens que a vida já tinha habituado à independência do lar?

---

[35] Frederico Guilherme I (1688-1740), que reorganizou o exército prussiano, introduzindo a severa disciplina que o tornou célebre.

[36] Pierre Hamp (1876-1962), cujo nome verdadeiro era Henri Bourillon, romancista e jornalista francês, dedicou-se a descrever as condições de vida e trabalho nos diferentes ofícios (pescadores, ferroviários etc.) na série intitulada *La peine des hommes*, e publicou pesquisas como *Gueules noires*, em 1938, e *En passant par la Lorraine*, em 1947.

Na prática, "chamar à ordem" se confunde quase sempre com o respeito imposto de fora para dentro, cujo valor é inegável quando serve de expressão a uma disciplina mais profunda, mas que não poderia ser exigido proveitosamente sem se criar, ao mesmo tempo, uma corrente de confiança forte o suficiente para que, em quase todos, a observância desses gestos de deferência nascesse espontaneamente. Concordo que se "adestre" o homem, mas não sem que essa ação vise ao homem por inteiro, o que os verdadeiros chefes sabem compreender muito bem. Seria um chefe desse tipo o coronel que – tenho certeza do caso – rebaixou a patente de um suboficial que, num dia de frio intenso, foi encontrado com as mãos nos bolsos do capote? E que fazia circular ao longo do dia várias notas sobre conduta e vestuário, mas deixava sua tropa congelando em pleno inverno em acampamentos mal-organizados?

Pude conferir pessoalmente os efeitos de tal tentativa de "readestramento". Foi na Normandia, quando de nosso reagrupamento depois da campanha de Flandres. Quanta boa vontade e gentileza demonstraram os nossos soldados! Não houve ninguém entre nós, nem mesmo entre os velhos mais empedernidos, que não ficasse emocionado. Desembarcavam do trem, descadeirados pela longa viagem, muitas vezes famintos, alguns sem outras roupas senão as vestimentas heteróclitas que os ingleses distribuíram depois do naufrágio. Tinham perdido no caminho as suas unidades, os seus chefes diretos, os seus "colegas". Com frequência, para chegar enfim ao estacionamento, onde encontrariam um pouco dessa atmosfera de apoio recíproco e coletivo tão necessária aos homens de tropa, ainda tinham de percorrer vários quilômetros a pé. Mesmo assim, não se ouviu uma queixa, mas um bravo "obrigado" para recompensar qualquer atenção que dispensássemos a eles, e o contentamento não somente de quem se sente, pelo menos provisoriamente, abrigado, mas também de quem pode rever, sãos e salvos, alguns oficiais por cuja sorte temiam. Recebi nessa época alguns apertos de mão que aqueceram meu coração. Na verdade, a lembrança desses dias vai sempre me impedir, se algum dia tentasse, de perder as esperanças no povo francês.

Para nos comandar, chegou um general certamente armado das melhores intenções, perfeitamente sincero em sua fé militar, tão duro consigo mesmo quanto com os outros, mas em quem a psicologia não estava à altura de suas outras qualidades. Considerou que o ambiente não era o mais adequado para uma caserna bem-administrada e resolveu remediar o problema. As rondas de oficiais se multiplicaram e as observações sobre as jaquetas incorretas choveram por todo lado. Depois de escapar daquilo que os jornais já chamavam, pomposamente, mas não sem alguma justiça, de "o inferno de Flandres", muitos dentre nós pensaram que poderiam trazer suas esposas às cidades onde estávamos alojados – os simples soldados com a mesma regularidade que os oficiais, para que o senso de igualdade não saísse ferido. O general negou duramente: um guerreiro pode, se quiser, ir a um bordel; já os encontros conjugais eram para ele, ao contrário, um pecado de frouxidão. Como nosso chefe era, à sua maneira, um justo, começou, é bom dizer, por infligir quinze dias de detenção ao velho general do quadro de reserva que nos comandara antes dele – não tinha sido visto, certa noite, de braços dados com sua venerável esposa? Todos riram. Mas isso não serviu de consolo para o homem de tropa. Em alguns dias, a temperatura moral havia mudado. Sintoma significativo: o cumprimento aos oficiais, até então feito com uma prontidão cordial, não passava agora de um aceno parcimonioso e visivelmente constrangido. Um pseudoadestramento tinha arruinado com espantosa rapidez o bom e saudável humor de uma tropa recém-saída do combate e destinada, era o que se pensava, a retornar.

Várias das pessoas que viveram a ocupação alemã em 1914-18 e que tiveram de suportá-la novamente no decorrer das últimas semanas fizeram, sem nenhuma combinação prévia, uma observação que me tocou vivamente: comparado ao exército imperial, o do regime nazista parecia ter costumes bem "mais democráticos". A distância entre o oficial e o soldado parece menos intransponível (no entanto, os oficiais continuam a não retribuir muito bem as saudações; eu mesmo fui testemunha disso). De alto a baixo, é possível sentir nitidamente a convergência numa boa vontade comum. Seria desastroso que a união das almas, realizada por um misticismo cujo poder não pode ser dissimulado pela rudeza, fosse comprometida entre nós pelo império das velhas tradições à moda prussiana, profundamente antinômicas a nosso verdadeiro espírito nacional e, talvez, obsoletas até mesmo na Prússia.

Portanto, para o bem ou para o mal, o exército francês não tinha esquecido, ou talvez não o suficiente, a velha arte de punir. É mais do que certo, contudo, que o comando não soube, como poderia e deveria, aproveitar os longos meses de espera, cuja livre disposição a inatividade do inimigo permitiu, para praticar em seus quadros a limpeza necessária. Algumas dispensas retumbantes marcaram no I Exército o período das operações. Mas teria sido necessário esperar até então, ou seja, tarde demais? Todos conheciam bem, desde antes, certas insuficiências. Queremos mais um exemplo? O comando do nosso quartel-general de exército era exercido por um velho oficial cuja cordialidade de bom rapaz não ocultava de ninguém sua completa inaptidão. "Faz trinta anos que não compreendo nada", comprazia-se ele em repetir. Eu ficaria bem espantado se, de boca em boca, essa cândida confissão com a qual demos boas risadas não chegasse aos ouvidos dos mais altos dignitários do exército. A bem dizer, as atribuições desse êmulo honorável do capitão Bravida[37] nunca tiveram, enquanto estivemos em Bohain, uma importância capital. No entanto, todos sabíamos que em caso de operações ativas elas se tornariam bem mais pesadas. Elas comportariam, em particular, segundo o próprio regulamento, a direção do serviço de transporte do estado-maior, que, infelizmente, deixou tanto a desejar antes e depois de 10 de maio. Por outro lado, a dispensa de um oficial dessa patente não enfrentaria tantas dificuldades quanto a transferência de um generalíssimo ou de um comandante de exército. Mesmo assim conservamos nosso gracioso chefe de batalhão durante todo o inverno e, em seguida, ao longo de toda a campanha – durante a qual, aliás, quase nunca o vimos –, até o dia em que, na hora de embarcar, em Dunquerque, ele desapareceu misteriosamente. Como? A lenda se encarregou de seu destino. É melhor confessar que nunca ficamos sabendo de nada e presumir

---

[37] O comandante Bravida é um personagem inventado por Daudet em *Tartarin de Tarascon*.

que, simplesmente, morreu pela França, ou que por infelicidade foi feito prisioneiro – o que, contas feitas, não é nada impossível. Não era sua culpa se o mantiveram num posto bem acima de suas modestas capacidades. E ele não foi o único nessa situação. A mão rude do Joffre de 1914 fez falta, e também alguns de seus jovens turcos seriam muito bem-vindos. Alguns deles ainda viviam, mas envelhecidos, carregados de medalhas, mimados por uma longa vida de gabinetes e diplomacias.

Creio que a frouxidão do comando teve origem antes de tudo nos hábitos contraídos durante a paz. A obsessão pela papelada teve um grande peso nisso. Tomemos aquele chefe de 2º bureau que deixou de transmitir ao único oficial interessado uma informação de importância capital. Vamos imaginá-lo, por um instante, à frente de um grande serviço numa empresa particular. O que teria acontecido? O patrão, creio eu, mandaria chamá-lo para lhe dizer, a portas fechadas, duas ou três verdades e despachá-lo de volta ao trabalho com um "que isso não se repita", dito alto e em bom som. É bastante provável que o erro não se repetisse. Tomemos agora o caso, tal como o vi na realidade: se acreditasse que poderia obter, primeiro do meu superior imediato, depois do chefe do estado-maior, e finalmente do próprio general de exército, permissão para advertir o oficial responsável, teria de submeter a eles uma nota escrita. Pior ainda, essa nota, segundo as sacrossantas regras hierárquicas, não poderia ter outro destinatário senão o próprio comandante do corpo de exército, pois, de grau em grau, só existe correspondência entre chefes. Nessas condições, a história assumiria tal gravidade que todo mundo me aconselhou a não fazê-lo: de edulcoração em edulcoração, minha nota acabaria estacionada, no final das contas, sobre uma mesa ilustre, se conseguisse chegar lá. Acrescente-se o medo de "histórias", a preocupação com a diplomacia – que, entre homens sequiosos de ascensão, se transforma numa segunda natureza – e o medo de desagradar a um poderoso de hoje ou de amanhã. Propus certa feita que a alocação de combustíveis de um determinado corpo de exército fosse diminuída e a de outro aumentada na mesma proporção. Donde, duas notas de serviço paralelas. O subchefe do estado-maior, que na época substituía o chefe, enviou o aviso de corte para ser assinado pelo general Blanchard e, em troca, reservou para si a assinatura do papel que anunciava ao outro corpo de exército os agradáveis incrementos de consumo. Assim, dava a impressão de não ter nada a ver com a má notícia, mas tudo com a boa. É isso que se faz para garantir uma boa carreira. E pode-se comprometê-la reclamando muito ou, pelo menos, quando o coração não é calejado, temendo, às vezes sem razão, de comprometê-la agindo assim. Enfim, a rotina é por essência acomodadora. Durante longos anos de burocracia, há uma tendência a se acostumar a certas deficiências que raramente assumem características trágicas. Os tempos mudaram. Não os costumes. Resumindo, seria suficiente dizer que os estados-maiores dos tempos de paz não eram uma boa escola para o caráter. Em todo caso, isso não demorou a ficar evidente.[38]

Um velho ditado militar descreve os sentimentos mútuos de dois oficiais que galgam juntos os degraus da hierarquia: "Tenentes, amigos. Capitães, camaradas. Comandantes, colegas. Coronéis, rivais. Generais, inimigos." Mas o leitor teria razão de duvidar que eu estivesse em boa posição para falar com ponderação sobre as discórdias entre os grandes chefes, que comentávamos à boca pequena entre nós. Atiçado pelas clientelas que fatalmente tramam ao redor de cada "patrão" uma rede de devotamentos e intrigas, o deplorável borbulhar dos órgãos de comando não fez mais do que preparar-lhes muito bem o terreno. Será que nunca entenderemos, no exército francês, que quanto mais sedimentos sucessivos uma ordem ou uma informação têm de atravessar, mais correm o risco de não chegar a tempo? Ou que, pior ainda, quando o número de chefes superpostos é

[38] Nota de Marc Bloch: Existe, aliás, um grande problema que nenhum texto coloca com mais brilho que o primeiro tomo das *Mémoires* de Joffre. Encontra-se aí não apenas a espantosa lista dos generais que tiveram de ser substituídos nos primeiros meses da guerra (por exemplo, durante a mobilização de 6 de setembro de 1914, pelo menos a metade dos comandantes de divisões de infantaria ativa e exatamente a metade dos comandantes de divisões de cavalaria). A observação de Joffre a respeito de um general de corpo do exército – "Ele deu provas de incapacidade de passar da mentalidade dos tempos de paz para a mentalidade dos tempos de guerra" – vale, é evidente, para a maioria dos chefes assim "dispensados", ou seja, para mais da metade dos chefes dos tempos de paz. Mas o que é então a educação militar, se ela prepara para quase tudo, menos para a guerra? [Julho de 1942]

grande demais, a responsabilidade se dilui a ponto de não ser vivamente sentida por nenhum? Esse vício de nossa burocracia militar medrava em todos os níveis. Já mencionei que, se o nosso serviço de combustíveis seguisse o regulamento ao pé da letra, uma escala de três graus separaria o representante do exército dos oficiais executivos. O estado-maior de Infantaria Divisionária serve de anteparo entre o comando de um Regimento de Infantaria e a Divisão: "órgão de retardamento", dizíamos nós, no tempo em que eu mesmo era da infantaria. Muito me espantaria se esse apelido tivesse, mais tarde, perdido sua razão de ser. Mais acima, havia o Exército; o grupo de exércitos, em princípio, um simples instrumento de coordenação estratégica, mas que tentava sair desse papel com frequência; o Comando do Teatro de Operações do Nordeste, encarregado da condução da guerra em todo o front francês, à exceção dos Alpes, e, enfim, o Comando em Chefe das Forças Terrestres. Quando se fez a partilha das atribuições entre os dois últimos escalões – ou, para usar termos humanos, entre o Estado-Maior Georges e o Estado-Maior Gamelin –, ouvi uma exposição sobre a nova organização do GQG. O conferencista se expressava com toda a clareza possível. Mas não fui o único a tirar de seu discurso apenas uma conclusão mais ou menos nítida: caminhávamos inevitavelmente para o caos e para as perpétuas sobreposições. Vários ecos que chegaram em seguida a meus ouvidos demonstraram que não estávamos equivocados. E ainda fazíamos as contas sem aquele terceiro embrião de estado-maior, que jazia escondido nos recessos mais íntimos do templo: o gabinete militar do generalíssimo!

Tudo isso acontecia longe de mim. Tive, no entanto, muitas oportunidades de medir exatamente as rivalidades entre os bureaux e, mais perto da cúpula, entre o Estado-Maior Geral (aliás, o GQG) e o Estado-Maior do Exército (ou seja, o ministério).

Um dos oficiais mais notáveis que pude encontrar – o tenente-coronel cuja solicitude para com nossos secretários lembrei linhas atrás – disse-me um dia: "Não deveriam existir bureaux num estado-maior." Com isso ele pretendia dizer que essa divisão, talvez inevitável, acarreta grandes perigos. Pois cada parte corre o risco, por uma tendência quase fatal, de se ver como um todo, assim como uma pequena sociedade fechada se vê como uma pátria. O 3º bureau, que é o asilo dos estrategistas e que as más-línguas entre nós tinham apelidado de "truste dos cérebros", assume, em geral, ares de santo dos santos. Orgulhosos de seu papel, que é, de fato, extremamente importante e delicado, os oficiais que o compõem nem sempre se dispõem a colaborar mais estreitamente com os colegas mais afastados da fonte pura da arte militar. Eles parecem, algumas vezes, desprezar um pouco certas atividades sem as quais, no entanto, as mais belas das flechas desenhadas no mapa de operações não passariam de signos inúteis. O mesmo se pode dizer, por outros motivos, do 2º bureau, obcecado pelo culto do segredo. À exceção de alguns rabugentos, a cortesia nas relações formais permanece intacta. Ela protege as privacidades com eficiência. Essas divisórias estanques estão por todo lado. Mas minha experiência demonstrou que em nenhuma parte elas são mais temíveis do que no topo mesmo do comando, ou seja, no GQG.

Foi lá que, num dia de janeiro, perdi uma tarde inteira tentando, sem sucesso, montar uma ação comum ao 2º e ao 4º bureaux. A questão, como é fácil imaginar, tinha a ver com combustíveis. Logo, podemos ver que não era sem importância. Mas como envolvia terceiros que ainda hoje não tenho o direito de comprometer, será forçoso usar de alguns subterfúgios.

Havia em algum lugar de um pequeno país neutro, próximo em igual distância da fronteira da França e da fronteira da Alemanha, um certo depósito de combustível. Meu informante costumeiro não se contentou em comunicar a capacidade dos tanques, que era bastante considerável. Ele me disse: "Posso, de acordo com sua preferência, mantê-los sempre cheios, de modo a facilitar o reabastecimento de suas forças se elas tiverem de penetrar algum dia neste território; ou, ao contrário, nunca deixar mais do que a quantidade necessária às demandas do comércio, para não correr o risco de abandonar recursos preciosos nas mãos dos alemães. A decisão cabe ao estado-maior francês. Assim que for informado dessas instruções, quaisquer que sejam, tratarei de executá-las." O problema limitava-se, em resumo, a saber quem o nosso comando achava que chegaria primeiro ao local, em caso de violação da neutralidade pela Alemanha: os inimigos ou nós. Isso não superava somente, em muito, a minha competência pessoal. O exército que costeava esse setor da fronteira não era o meu. E mais: ele não pertencia sequer a nosso grupo de exércitos. Não havia, portanto, outra saída senão pedir instruções ao GQG.

Fui primeiro ao 2º bureau, onde tinha outras informações a passar. Quando cheguei ao tema delicado, aqueles cavalheiros me disseram, não sem razão: "Estamos aqui para informar, não para decidir. Procure o 4º bureau." No entanto, não se ofereceram para me acompanhar e, com certeza, sabiam muito bem por quê. Aliás, talvez tivesse sido mais natural ter ido diretamente ao ajudante de ordens geral, encarregado das operações, ou a seus representantes. Mas pode um não iniciado bater pessoalmente à porta do santuário? Lá fui eu pela longa rue de La Ferté-sous-Jouarre, povoada de policiais, em direção ao 4º bureau, cujos corredores, é evidente, já me eram familiares. Obrigaram-me a peregrinar de sala em sala. Em toda parte o refrão era o mesmo:

– O inimigo, não o conhecemos. Colocamos combustíveis *franceses* à sua disposição. E ponto final. Quanto ao resto, esse seu informante é de confiança? E se for uma armadilha?

– O 2º bureau garante o valor das informações.

– Ah, o 2º bureau! Então eles agora tratam também de combustíveis? Então, já que começaram a resolver o assunto, que continuem.

– De acordo. Porém, se este é o seu sentimento a respeito, gostaria de pedir que o senhor mesmo telefonasse para eles.

Obtive pelo menos essa satisfação. De uma ponta à outra do fio, a conversação me pareceu um pouco áspera. Um passava a bola para o outro. Depois de alguns minutos, o 2º bureau encerrou a conversa com um seco "isso não me diz respeito". É assim que dois proprietários litigam a propósito de uma cerca comum. Mas havia um interesse com o qual ninguém parecia se preocupar: o do Exército francês. Como sou teimoso por temperamento, retomei a conversa com o 4º. De escalão em escalão, acabei sendo levado a dois tenentes-coronéis e me expressei de maneira bastante calorosa. Demasiado, creio, tendo em vista a modéstia da minha patente. Percebi a tempo que estava começando a ultrapassar os limites do respeito hierárquico e, como um escândalo só serviria para arruinar sem apelação o sucesso de minha empreitada, parei de repente. Mas o desânimo começou a tomar conta de mim. Não obtive como resultado mais do que algumas promessas vagas: a questão seria provavelmente levada ao ajudante de ordens geral dos serviços, que, talvez, considerasse útil envolver seu colega do setor de operações... Às vezes, para se ver livre de um importuno ou de um louco é preciso dar a impressão de ceder um pouco a seus propósitos. De fato, nunca mais ouvi falar do assunto.

No entanto, era difícil suportar a ideia de deixar sem resposta o "simpatizante" que, do outro lado da fronteira, com total desprendimento e não sem algum risco pessoal, havia oferecido ajuda. O interesse prático de suas propostas, por mais evidente que fosse, não era, contudo, a única coisa em jogo. Nosso silêncio denunciaria a um estrangeiro as incertezas do comando francês. Que nós as conhecêssemos já era mais que suficiente. De comum acordo com o amigo francês que me serviu de intermediário e que, ao contrário de mim, não usava uniforme, mandei dizer a eles: "Não encham seus tanques." O abuso de poder era inadmissível, mas os acontecimentos me impediram de acalentar muitos remorsos: como previmos, quando a tempestade desabou, os alemães chegaram bem antes de nós.

Foram também as minhas pesquisas sobre os recursos de combustíveis que me revelaram que, à margem da guerra que sustentávamos contra os alemães, outro grande combate se travava dentro de nossos próprios muros. Ele confrontava o GQG com o EMA [Estado-Maior do Exército], La Ferté-sous-Jouarre com Paris, numa tradição que remontava, sem dúvida, aos tempos distantes de Chantilly, de Joffre e de Gallieni. Na primeira sondagem não obtive mais que informações incompletas sobre os depósitos belgas. Nosso informante queria apenas aumentar o fornecimento, mas através de que canal poderíamos informá-lo de nossas necessidades? Impossível pensar em apelar para Paris. Ele, aliás, não fazia questão de entrar em contato com o adido militar, nem com os agentes do Serviço Secreto, mais habituados a lidar com informantes mercenários do que com negociantes honrados e, ademais, pouco competentes em matéria de combustíveis. Parecia mais simples pedir ao nosso intermediário francês que fosse pessoalmente a Bruxelas, sob o pretexto, totalmente natural, de uma viagem a negócios. Era também a opinião do 2º bureau do Grupo de Exércitos, que acompanhava a questão bem de perto. Restava fornecer os vistos necessários a esse missionário desinteressado para que a perda de tempo com a viagem, aceita com abnegação, não se agravasse com longas esperas nas antecâmaras da polícia ou das embaixadas. A coisa não deveria passar por dificuldades e eu não apenas tinha as melhores razões do mundo para responder por um de meus próximos, como ele também era bastante conhecido e estimado em Paris no mundo do comércio; sua atividade profissional o mantinha em permanente contato com a Defesa Nacional e, por fim, em nível mais alto, podia contar com a garantia do Grupo de Exércitos e do GQG. No entanto, era preciso passar pelo 2º bureau do ministério. Apesar da recomendação expressa do Grupo de Exércitos, falando em nome do GQG e em seu próprio, ou talvez por isso mesmo, nosso pessoal não quis nem ouvir. "Não conhecemos esse cavalheiro, ignoramos o que ele pretende fazer." (Inútil dizer que foram perfeitamente informados de tudo por nós mesmos.) ("Recusamo-nos a assumir qualquer responsabilidade. Ele que se vire.") E ele se virou, de fato, ao preço de tratativas morosas que, felizmente, suas relações pessoais conseguiram abreviar um pouco. E pude perceber mais claramente que, na verdade, não havia um Exército francês, mas vários territórios reservados dentro dele.

E pude constatar isso melhor ainda e em circunstâncias muito mais trágicas na Normandia, quando tivemos de reconstituir um arremedo de Forças Armadas com os sobreviventes de Flandres. Nessa ocasião, não tivemos apenas de passar incessantemente de general a general, que às vezes mudavam no decorrer do mesmo dia, cada um deles apressando-se, assim que assumia o comando, em desfazer tudo o que o antecessor havia começado. Acima de nossas cabeças e à nossa custa, ou melhor, à custa do país, a áspera querela entre o GQG e o ministério prosseguia. Dependíamos, a princípio, do segundo, pelo menos no começo, pois a Normandia, considerada uma província bastante distante do front (que naquele instante, no entanto, já estava no Somme), não pertencia à zona dos exércitos. Mas era o GQG que precisava de nossos serviços. Não há necessidade de insistir para que fique claro que tal duelo não ajudou a agilizar nosso reagrupamento ou nosso rearmamento. O inimigo estava literalmente às portas da cidade e até além delas. Nem por isso os partidos calaram suas discórdias, e nesse caso não se tratava de partidos políticos: partidos militares e, por isso mesmo, ainda mais culpados.

A coragem pessoal é, para quem escolhe a carreira das armas, a mais obrigatória de todas as virtudes profissionais: tão indispensável, na verdade, à boa consciência do grupo que, normalmente, é tida como evidente. Tenho certeza de que a grande maioria dos oficiais da ativa foi fiel a essa grande tradição. Se houve, cá e lá, algumas exceções – conheci uma ou duas durante a última guerra e creio ter encontrado algumas nesta –, elas não arranham a honra da coletividade. Provam simplesmente que o hábito nem sempre consegue fazer o monge, e também que em toda parte existem seres desprovidos de imaginação que adotam um ofício sem se preocupar em saber que compromissos ele exige, no caso do ofício de soldado, sem perceber que talvez um dia a vida da caserna dê lugar à guerra. Esses fracos são, no fundo e antes de mais nada, uns pobres coitados equivocados. De qualquer forma, no desprezo pelo perigo sempre existem muitas nuances e gradações. Mas como falar mais longamente do assunto sem ferir pudores secretos em nossas memórias? Quem enfrentou o fogo sabe bem: mesmo os espíritos mais calejados às vezes só conseguem controlar o medo com grande dificuldade, enquanto em outras ocasiões a indiferença se estabelece no mesmo homem sem o menor esforço, como um produto espontâneo da ação necessária, do hábito ou simplesmente do bom equilíbrio mental.

Do mesmo modo, a coragem não é questão de carreira ou de casta. A experiência de duas guerras – a primeira sobretudo – me leva a pensar que não existe, entre os homens suficientemente sãos, uma disposição de espírito mais difundida do que a coragem. Pelo menos em nosso povo, no qual a maior parte dos cérebros é sólida e a maior parte dos corpos, vigorosa. Muitos oficiais imaginam, equivocadamente, que os soldados mais bravos são recrutados entre os violentos, os aventureiros ou os delinquentes.

Cansei de observar, ao contrário, que tais brutos resistem mal a qualquer perigo mais longo. Dar prova de coragem é, para o soldado, exercer propriamente o seu ofício. Um rapaz comum tem, em sua vida corrente, o hábito de cumprir com exatidão as suas tarefas cotidianas, na empresa, nos campos, atrás de um balcão e, ouso acrescentar, à mesa de trabalho do intelectual? Pois continuará, com toda a naturalidade, sob bombardeios ou metralhadoras, a cumprir com a mesma simplicidade o dever do momento. Sobretudo quando o instinto coletivo vem se juntar à necessidade inata de cumprir com consciência a sua parte. Mas isso se reveste de várias nuances, desde o impulso mais ou menos irracional, que leva um homem a não abandonar seu camarada, até o sacrifício voluntário em nome de uma comunidade nacional. É de uma maneira quase insensível que as formas mais elementares conduzem às mais elevadas. Não conheci, em 1914-18, melhores guerreiros que os mineiros do norte ou do Pas-de-Calais. Com uma exceção, que sempre me espantou, até o dia em que soube que o tal medroso era um "*jaune*": ou seja, um operário não sindicalizado, empregado como fura-greve. Nenhum partido político está sendo colocado em causa aqui. Simplesmente lá onde faltava, em tempos de paz, o sentimento de solidariedade de classe, também faltou, no campo de batalha, a capacidade de se alçar acima do interesse egoísta. A infantaria de Verdun e do Somme tinha um exército de reservistas em suas fileiras e em grande parte de seus quadros. Reservistas também, em dias não tão distantes de mim, eram meus fiéis amigos do parque de combustíveis e dos caminhões-tanque, que, sem se preocupar com as chamas insidiosas, atearam fogo tantas vezes aos tanques cujo conteúdo não podia ser deixado para o inimigo; e reabasteceram tanques a uma distância tão pequena de uma linha de frente móvel que tiveram várias vezes que rebocar suas cisternas sem ter tempo de recolher as mangueiras de alimentação, que flutuavam atrás das viaturas como uma longa cauda. Considerados parte dos "serviços de retaguarda", em sua maioria eles não dispunham de armas! Era um modesto motorista profissional o soldado de grande coração que, ferido de morte durante uma operação de abastecimento, não permitiu que ficássemos para recolhê-lo: "Estou fodido. Vão embora. Não quero que um companheiro acabe ferido por minha causa." Vi de perto, durante os quatro anos de minha outra campanha – a verdadeira –, mais de um fato que serve de eco a este, mas prefiro parar por aqui. Se me deixasse levar, só pararia de falar amanhã.

No entanto, dessa vez, falou-se muito nas falhas da tropa. Notadamente de seus oficiais. Ouviram-se histórias de fugas em que o carro do chefe ultrapassou em muito o pânico dos pedestres. Foram citados casos de abandono de posto. Foram evocados casos de "salve-se quem puder" vindos do alto. Não estive lá. Mas não é necessário testemunhar os acontecimentos pessoalmente para avaliar a parte, certamente grande, da lenda: todo povo vencido busca seu Ganelon[39] ou, no pior dos casos, joga a culpa pela derrota nas costas de alguns mequetrefes. Temos de admitir, porém, que, como temia, nem tudo é falso em tais boatos – houve realmente uma "crise de quadros"[40] no exército em combate, tal como ouvi alguns companheiros dos estados-maiores comentar. E, mais uma vez, a responsabilidade do alto-comando foi pesada.

Os quadros subalternos ou médios da tropa eram preenchidos, em medida considerável, por velhos oficiais da caserna. Ora, não importa o que pensam certos meios, é uma grave ilusão imaginar que a rotina das revistas detalhadas, dos exercícios no campo de manobras e das pequenas histórias de disciplina é uma preparação eficaz para o comando direto dos homens numa vida de aventuras guerreiras bruscamente privada do suporte do regulamento. Para o desenvolvimento das qualidades que cir-

---

[39] Conde de Ganelon: personagem do poema épico medieval *Canção de Rolando* que arma uma emboscada contra Rolando, traindo Carlos Magno. (N.T.)

[40] Nota de Marc Bloch: Penso hoje, depois de vários testemunhos recolhidos ao longo de dois anos, que as falhas no comando das tropas foram sensivelmente menos raras do que queria acreditar, recém-saído da derrota. Deixo naturalmente meu texto tal como o redigi. Mas para ser escrupulosamente verídico, temo que seria necessário acentuar isso. A confissão é dolorosa e não a faço sem pesar. Sem dúvida, uma certa crise de moralidade em grupos de classes (entre oficiais da reserva e da ativa) era mais profunda do que se ousava imaginar. Que ela não contaminou tudo, todos sabemos. Ao lado de tais fraquezas, quantos belos atos de coragem nos mesmos meios. São esses contrastes que tornam a história tão difícil de matizar. Por outro lado, a crise da moralidade coletiva em certas camadas da nação e as reações desses mesmos elementos à crise são mais do que conhecidas hoje: a "colaboração" foi uma pedra de toque segura. [Julho de 1942]

cunstâncias tão novas exigem, muitas profissões civis são uma escola bem melhor, no mínimo porque comportam pelo menos certos elementos de responsabilidade humana, assim como de adaptação às condições mutáveis da ação. Acrescente-se a isso a atmosfera debilitante de uma carreira de pequenos funcionários, mediocremente empregados, pois é exatamente esse o ritmo de vida habitual, prestígio à parte, de muitos dos capitães ou chefes de batalhão em tempos de paz. Os espíritos verdadeiramente ardentes ou sustentados apenas por um vigoroso sentimento do dever escapam de tais venenos. Mas nem todos se alçam tão alto. O período de espera, até 10 de maio, deveria ter permitido uma filtragem imprescindível e, em seguida, um rejuvenescimento não menos indispensável: contra a ancilose do caráter, não há proteção mais segura do que um cérebro flexível num corpo ainda irrigado por um sangue generoso. Com certeza, nem o capitão Coignet[41] nem os seus êmulos das Guerras Napoleônicas eram gênios, mas mal tinham chegado à idade madura. O exército alemão, por sua vez, mesmo só tendo sido visto de passagem, dá uma impressão incontestável de juventude se comparado ao nosso. A depuração, como já sabemos, não aconteceu. Assim como não existiu uma preocupação em promover para os postos de subtenentes e tenentes – ao preço, talvez, de um certo suplemento de formação – aqueles suboficiais da reserva cujos recursos de autoridade, competência e devotamento não poderiam ser ignorados depois da experiência de 1914. Conheço alguns que foram impedidos de entrar nos cursos de aspirantes por seus coronéis, que consideravam que precisavam demais deles ou, ai de mim!, porque o "pistolão" não era suficiente. Será que contavam com uma triagem pelo fogo? Seria esquecer que a guerra poderia não durar quatro anos ou nem mesmo o tempo que, de fato, se passou entre os primeiros combates de agosto de 1914 e a corrida até o mar.

Já insisti bastante a respeito dos efeitos da surpresa. A expressão não deve ser entendida apenas em seu sentido puramente estratégico. As piores

[41] O capitão Jean Rouche Coignet (1776-1865), após participar das campanhas de Bonaparte, de Napoleão e depois da Itália, aprendeu a ler e escrever no fim da vida e redigiu suas *Mémoires*, publicadas pela primeira vez em 1851.

paralisias de caráter tiveram origem no estado de estupefação e escândalo em que um ritmo de guerra inesperado jogou homens preparados por seus educadores para uma imagem completamente diversa do combate. Esse choque psicológico não poupou os oficiais da tropa. Mas em nenhum lugar os estragos foram tão evidentes quanto em certos serviços de pré-retaguarda: acampamentos, praças, estados-maiores territoriais. Lá, como em toda parte, alguns espíritos vigorosos reuniram forças contra a adversidade: sei de um comandante de acampamento, mutilado na outra guerra, que se ofereceu como voluntário para tentar resgatar um destacamento de tanques. Em outras partes, infelizmente, a retirada, sem dúvida inevitável, ganhou ares de fuga e às vezes antecipou-se aos acontecimentos. O GQG teve que mandar o general comandante de uma região militar de volta a seu posto: o chefe havia abandonado sem autorização sua cidade pela simples razão de que, a seu ver, o inimigo já estava muito perto. Fraquezas semelhantes, das quais este não é o único exemplo, certamente merecem censura. Mas sem dúvida demandam também alguma piedade. Em outro ambiente, os mesmos personagens talvez se comportassem com honra. No local que a sorte lhes destinou, seu ritmo cotidiano prolongava a cadência dos tempos de paz e a atmosfera mental tinha um odor poeirento de gabinete ou de distrito. Todos estavam convencidos, sobretudo, de que não estariam no front. Mas o inimigo rompeu o contrato. Por que não explicamos melhor, com antecedência, a esses honestos servidores um pouco envelhecidos, em sua maioria na vida militar, que numa guerra de vivacidade a retaguarda corre sempre o risco de se transformar em vanguarda?

O mais terrível foi que o desconcerto atingiu ambientes muito mais carregados de responsabilidades. Fomos muitos a notar, com horror, seu espantoso progresso, quase dia a dia, em alguns dos oficiais que ocupavam os cargos mais considerados do estado-maior, e entre eles, notadamente, aqueles a quem cabia propriamente o governo das operações. Os primeiros sintomas do mal apareciam por sinais externos: olhos perdidos, barbas malfeitas, nervosismo que, de uma agitação febril por coisas sem importância, passava bruscamente a aparentar uma impossível serenidade.

Quando um chefe começa a dizer "De que adianta?", coitados de seus subordinados imediatos! Em seguida, foi uma maré crescente de desespero que, ao invés de estimular a ação, parecia buscar refúgio em uma espécie de preguiça sonolenta. Nunca vi espetáculo mais desmoralizante que certos desabamentos sobre as poltronas do 3º bureau. É claro que, de repente, todos se agarravam às ilusões mais inverossímeis, principalmente quando a iniciativa da salvação dava a impressão de que precisava vir dos outros e não de nós. Em Attiches, um dia inteiro se passou na embriaguez da imagem de um exército de socorro que, diziam, avançava "em marcha forçada" por Arras e Bapaume. Logo em seguida, o mergulho no desânimo foi ainda mais profundo. E esse exemplo vinha bem de cima. "Faça o que quiser, meu general. Mas pelo menos faça alguma coisa." Foi nesses termos que, certo dia em Lens, um de meus camaradas ouviu um dos comandantes de corpo do exército interpelar o general Blanchard.

E, de minha parte, eu ouviria coisa pior. Fui indiscreto, sem dúvida, mas sem querer. Todo o problema começou com meus hábitos noturnos. Nunca quis, durante a campanha, dormir no porão. Não era, certamente, por orgulho. Minha recusa se baseava bem mais simplesmente numa aplicação racional e, creio eu, razoável do cálculo das probabilidades. Tenho a infelicidade de ser muito propenso a resfriados. As chances de que uma noite na umidade me derrubasse eram, segundo meus cálculos, de cerca de 90%. O que representava, diante disso, o grau de possibilidade, quase ínfimo, de uma bomba cair justamente no PC? No entanto, nem sempre era fácil encontrar um posto conveniente. Desde Lens usávamos macas em lugar de camas. No castelo de Attiches, instalei a minha inicialmente em nosso gabinete, no térreo. Mas a experiência mostrou que a escolha era infeliz. Por duas noites seguidas alguns generais, encontrando-me a seu alcance ao entrar no gabinete, me acordaram para pedir informações ou me levar como guia pelos labirintos de nosso alojamento, embora eu não estivesse de serviço. E seria realmente complicado responder, sem levantar: "Vá chamar o camarada ao lado porque quem está de plantão hoje não sou eu."

Na terceira noite, a do dia 25 para 26 de maio, resolvi procurar melhores acomodações. Havia no primeiro andar uma sequência de quartos reservados às patentes mais altas que a minha. Entre eles, no entanto, havia um longo corredor que poderia ser considerado, a bem dizer, vago. Pedi que subissem minha maca e assim que minhas tarefas lá embaixo terminaram, como de costume bem tarde, fui me deitar para algumas horas de repouso.

Fui despertado de madrugada pelo barulho de uma porta que se fechava e de uma conversa. Alguém tinha acabado de entrar no quarto ao lado e conversava com seu ocupante sem que nenhum dos interlocutores se preocupasse minimamente em abafar o som das vozes. Nunca soube quem era o visitante, devia ser algum personagem do alto escalão cuja voz não me era familiar. Mas pude reconhecer muito bem a voz que lhe respondeu. Pertencia incontestavelmente ao general Blanchard. Além do mais, os próprios termos da conversa bastariam para dirimir qualquer dúvida. Na inocência de meu espírito, preocupado unicamente em escolher no corredor um lugar protegido das correntes de ar, fui me esconder justamente na soleira do aposento que deveria evitar como se fosse fogo. Quando percebi o que estava acontecendo, já era tarde demais para assinalar minha presença: como poderia confessar que tinha ouvido uma parte da conversa? Por mais horror que tenha de mentiras, tive de me resignar a fingir que dormia. Ninguém, aliás, percebeu minha presença. Enquanto isso, o diálogo prosseguia. Não entendi tudo e não me esforcei para tanto. E do que chegou a meus ouvidos esqueci uma boa parte. Mas há uma coisa da qual estou certo, absolutamente certo, de uma certeza superior a qualquer desmentido: ouvi o general Blanchard dizer, com mais sangue-frio do que pensei que pudesse ter: "Vejo muito bem uma dupla capitulação." Estávamos apenas em 26 de maio![42] E ainda dispúnhamos dos meios, se não de nos salvarmos, pelo menos de lutar longamente, heroicamente, desesperadamente, como fizeram, em julho de 1918, os focos de resistência na linha avançada do front de Champagne, mesmo totalmente cercados, e de reter diante de

[42] Dezesseis dias depois do início da ofensiva alemã, quando ainda parecia possível restabelecer uma linha de defesa ao longo do Somme e do Aisne, o general Blanchard considerou a capitulação dos exércitos francês e inglês. Na véspera, diante do Comitê de Guerra, o presidente Lebrun havia mencionado a possibilidade de um armistício.

nós, desgastando-as, um grande número de divisões alemãs. Carreguei essas palavras comigo durante os dias que se seguiram como um pesado segredo, ainda mais pesado porque não podia partilhá-lo com ninguém. Elas me causavam calafrios. E ainda causam.

É preciso reconhecer de fato nessa expressão, pelo menos uma vez sem subterfúgios, o espectro que lançou sua sombra pavorosa sobre a agonia de nossos exércitos em Flandres. Pior ainda: sobre a agonia de todos os exércitos franceses. "Capitulação": é uma palavra que um verdadeiro chefe não pronuncia jamais, nem mesmo em confiança; que ele sequer considera. Assim como não anuncia às tropas – como faria, em 17 de junho o marechal até então carregado de glória – sua intenção de solicitar uma "cessação das hostilidades" antes, muito antes, de tê-la garantido, não importa em que condições. Quando um camarada, cuja bravura se destacava entre todos, ouviu como eu esse discurso tristemente famoso, fez o seguinte comentário: "Somos, eu e você, bastante seguros de nós mesmos. Mas podemos perceber muito bem que um duro esforço será necessário a partir de agora para não ceder ao instinto que nos levará a evitar, muito mais do que no passado, qualquer exposição. Pois não existe ideia mais inquietante do que morrer na última manhã de uma guerra! Com que ânimo o soldado médio vai poder lutar agora?" Ser um verdadeiro chefe é, talvez antes de tudo, saber fechar a boca; é insuflar nos outros aquela confiança que não poderá passar se ele mesmo não a possui; é se recusar até o fim a perder as esperanças em seu próprio talento; é aceitar, enfim, tanto para seus comandados quanto para si antes o sacrifício fecundo que a vergonha inútil. Outrora, homens que não eram nem tolos nem covardes diante do perigo pessoal também sucumbiram depressa demais frente ao infortúnio. A história militar reserva apenas desprezo à sua memória. "Depois que olhei a meu redor, compreendi o estado de espírito de Dupont em Baylen."[43] Foi da boca de um jovem oficial da ativa que ouvi, no final de maio, essas palavras

[43] Comandando o corpo expedicionário na Espanha, em 1808, Pierre-Antoine Dupont (1765-1840) foi cercado em Baylen. Sua capitulação em 22 de julho de 1808, após três dias de combate, lhe valeu a prisão no forte de Joux (maciço de Jura) até 1814, quando foi nomeado ministro da Guerra por Luís XVIII.

terríveis. Mas, sem dúvida, o nome a ser lembrado era o de Bazaine,[44] se for verdade, como os acontecimentos parecem confirmar, que o desânimo teve como aliados, nessa última renúncia a qualquer esforço, o espírito de partido e as baixas ambições políticas. Em 1940, Bazaine conseguiu.

Para que um chefe possa se fortalecer diante da adversidade, ele precisa, antes de mais nada, de um cérebro são num corpo não sobrecarregado. Bazaine não era apenas um político. Era também um homem gasto. Uma higiene laboral inadequada teve grande peso na rápida derrocada dos recursos morais em nosso comando. Desde os primeiros dias de Valenciennes, quando a situação, séria sem dúvida, ainda não indicava nada que justificasse o menor destempero, vimos, não sem temor, vários oficiais cujas funções exigiam as mais graves decisões passando noites em claro, alimentando-se apressadamente, vagando durante o dia de bureau em bureau ou borboleteando de caso em caso sem se reservar os momentos de reflexão ponderada que poderiam trazer a salvação. Provavelmente, pretendiam dar provas de estoicismo ao martirizar a carcaça, assim como correr de um lado para outro devia lhes proporcionar a ilusão de atividade. Era esquecer que a carcaça acaba sempre se vingando e que sem uma agenda bem-organizada não há atividade realmente fecunda. Desde os períodos mais calmos, sempre aceitamos com muita facilidade, nos estados-maiores, uma atmosfera de perpétua desordem. Teria sido importante, ao contrário, que nos preparássemos previamente para a organização do horário, que não pode ser tão rigoroso na batalha mas nem por isso deve deixar de ser nosso objetivo. Muitas vezes ouvimos nos meios militares elogios ao legendário sono do pai Joffre. Por que não o imitamos?

No entanto, as falhas de caráter tiveram, creio eu, sua origem principal na inteligência e na formação.

---

[44] Nomeado generalíssimo em 12 de agosto de 1870, o marechal Bazaine se entrincheirou em Metz alguns dias mais tarde, depois de tentar explorar a queda do Império negociando com Bismarck e a imperatriz Eugênia, para finalmente capitular em 27 de outubro sem ter entrado realmente em combate. Seu nome transformou-se numa espécie de sinônimo de traidor.

Por duas vezes, em duas campanhas diferentes, com mais de vinte anos de intervalo, ouvi oficiais oriundos de escolas militares criticando o ensino que haviam recebido: "A Escola de Guerra nos enganou." E não é que ela tenha ensinado a mesma coisa nas duas ocasiões. Com certeza, nada era mais estranho ao espírito de nossos chefes, em 1939, que as doutrinas de Grandmaison[45] – aquele "criminoso", exclamava um deles –, tão caras aos estrategistas de 1914; nada mais antagônico à sua visão da guerra que o desprezo pela artilharia pesada, o elogio ao assalto à baioneta contra posições fortificadas, o dogma da ofensiva a qualquer preço. Porém, mais importantes que a própria matéria das aulas, os métodos nunca mudaram o suficiente.

O capitão T..., espírito destacadamente crítico, mas também um verdadeiro temperamento de chefe, tinha o hábito de apostrofar rudemente as "ideias gerais" cujo respeito os mestres da Escola de Guerra se esforçavam por impor. "As ideias gerais simplesmente não existem." Não vou encampar tal condenação. O que é verdade – e, no fundo, é o que T... queria dizer – é que uma ideia, tanto no campo das ciências positivas quanto no das técnicas, só tem valor como imagem ou resumo de fatos concretos. Na falta disso, ela se reduz a uma etiqueta que serve apenas para recobrir um certo vazio. Ora, todo professor sabe muito bem, e um historiador talvez até melhor que ninguém, que não existe perigo mais grave para uma pedagogia do que ensinar palavras em vez de coisas. Armadilha ainda mais mortal porque os cérebros jovens já são, em geral, muito propensos a se embriagar com as palavras, tomando-as por coisas. Justamente porque os diplomados da Escola de Guerra são os intelectuais do exército, e é da consciência desse papel que tiram seu sentimento de superioridade, sempre os considerei, em sua maioria, sensíveis demais às fórmulas. "Que tristeza combater no próprio solo", disse certa vez, em 1916, o nosso coro-

---

[45] Professor em Saint-Cyr e na Politécnica, o tenente-coronel Louis Loiseau de Grandmaison teorizou a "ofensiva por excesso", inspirada no "ataque por excesso" de Ardant du Picq. Em 1912, Grandmaison publicou um manual com o significativo título "Treinamento da infantaria tendo em vista o combate ofensivo". Colocada em prática, sua teoria mostrou-se catastrófica para os exércitos franceses nas primeiras semanas da guerra.

nel, brilhante discípulo da Escola de Guerra, quando subíamos em direção às trincheiras da linha de frente do Somme, das quais ele nunca retornaria. Mas bem rápido ele emendou: "O que importa! A estratégia nos ensina que o único objetivo que conta é vencer o exército inimigo, esteja onde estiver." Nossas colheitas dizimadas, nossas fábricas prisioneiras, nosso minério de ferro usado na forja dos canhões alemães: tudo isso deixava de ter peso quando o espírito podia encontrar refúgio numa frase de manual. Em algumas páginas, que estão até hoje entre as mais sólidas de uma obra terrivelmente desigual, Taine demonstrou que, sem dúvida, o traço mais característico do gênio napoleônico foi poder descobrir, invariavelmente, as realidades por trás dos signos.[46] Temo que os modernos sucessores de Napoleão tenham permitido que um bocado dessa arte soberana se perdesse. Em Rennes, em 17 de junho, muitos não se inebriavam com a bela palavra "posição" como se fosse uma poção mágica?

Um ensinamento recebido apenas passivamente corre sempre o risco de deixar tão somente traços fugazes. Aquele que recebemos por experiência própria marca muito mais o espírito. Ora, não havia entre nossos chefes e camaradas um único ex-aluno que, por sua vez, não adotasse mais ou menos um tom professoral. De todos os esportes praticados no exército, o esporte pedagógico se inclui entre os mais prestigiosos e, desde as teorias para os alunos-soldados até as sábias aulas do CHEM [Centro de Altos Estudos Militares], ele assume a imagem de uma imensa colmeia escolar. Pertencente, eu mesmo, à corporação dos fazedores de cursos, e não figurando, ai de mim!, entre os mais jovens, posso muito bem dizer: é preciso sempre desconfiar um pouco dos velhos pedagogos. Ao longo de sua vida profissional, eles constituem forçosamente um arsenal de esquemas verbais aos quais sua inteligência acaba se agarrando como se fossem grampos, às vezes bastante enferrujados. Por outro lado, sendo homens de fé e

[46] Em *Les origines de la France contemporaine* ("Le régime moderne", t.I, livro I, cap.I), Hippolyte Taine consagrou duas longas páginas ao desenvolvimento desta ideia: "há mais de três séculos, estamos perdendo, cada vez mais, a visão plena e direta das coisas ..., ao invés de estudarmos os objetos, estudamos os seus signos ... . Não há lugar para uma só dessas quimeras no espírito de Bonaparte."

de doutrina, acabam dando preferência antes aos discípulos mais dóceis do que aos mais questionadores, no mais das vezes sem perceber. Raros são aqueles que conservam até o fim um cérebro bastante flexível e, em relação às próprias posições, um senso crítico suficientemente penetrante para escapar desses pecados do ofício. E como aumenta o perigo quando os alunos são ao mesmo tempo subordinados e a contradição assume, necessariamente, o ar de indisciplina! Os altos escalões dos estados-maiores estavam cheios de professores já maduros, e os 3os bureaux eram formados, em geral, por seus melhores alunos, selecionados como tais. Talvez essas não fossem as melhores condições para uma adaptação ao novo.

Não ignoro que havia um esforço para ensinar coisas, muitas coisas, aos alunos da Escola de Guerra. Tenho nas mãos várias de suas apostilas, cheias de cifras, de cálculos horários, de dados sobre o alcance do tiro e o consumo de munição ou gasolina. Tudo, sem contexto, muito útil e, em geral, muito bem sabido. Mas, ao lado disso, havia o *Kriegspiel*,[47] o indispensável e perigoso *Kriegspiel*. Imaginem os mestres e seus discípulos deslocando as unidades no mapa com o reforço de flechas multicoloridas. Que dom de imaginação é necessário, a uns e outros, para conseguir ter sempre em mente as realidades subjacentes a tais signos: a penosa locomoção das colunas, os múltiplos acidentes na estrada, os bombardeios, os atrasos inevitáveis, a bomba que explode depois da hora marcada, o agente de ligação que se perde ou o chefe que perde a cabeça? E, sobretudo, que ginástica de alongamento cerebral seria necessária para reservar a parte que cabe ao imprevisível, ou seja, principalmente ao inimigo?

Claro que não havia ninguém que não tentasse descobrir com antecedência o que faria esse inimigo, verdadeiro desmancha-prazeres da estratégia, para preparar, consequentemente, a resposta. Infelizmente, nesta guerra, assim como, aliás, em agosto de 1914 ou na primavera de 1917, antes da ofensiva Nivelle, o mal-educado nunca fez o que se esperava dele. Não creio que a culpa seja propriamente da falta de previsão. As previsões

---

[47] Em alemão: jogo de guerra. Jogo de tabuleiro usado com fins educativos nas escolas militares da Prússia, no século XVIII, tornou-se uma febre em vários outros países. (N.T.)

foram estabelecidas, até com excesso de detalhes. Mas elas só se aplicavam, a cada vez, a um pequeno número de eventualidades. Deus sabe quanto a aprimoramos, a nossa "manobra Dyle"![48] De minha modesta parte, se não tivesse queimado meus arquivos, ainda poderia dizer como se organizariam os meus abastecimentos na Bélgica no dia J.9. Ai de mim! No dia J.9 eu já não tinha – é evidente – depósitos na Bélgica e quase mais nenhum na retaguarda. Mas nas escolas dos tempos de paz nos habituamos a confiar excessivamente no exercício de manobra, nas teorias táticas, na papelada, ou, em poucas palavras, nos habituamos a nos convencer, inconscientemente, de que tudo se passaria conforme o escrito. Quando os alemães se recusaram a jogar seu jogo segundo as regras da Escola de Guerra, ficamos tão desamparados quanto um mau orador diante de uma questão para a qual sua função não lhe fornece a réplica adequada. Acreditamos que tudo estava perdido e, em seguida, pusemos tudo a perder porque para dirigir a ação, até então excessivamente tutelada, só poderíamos nos valer de um espírito de realismo, de decisão e de improvisação que um ensino demasiado formalista não soube desenvolver nas mentalidades.

É à história que a estratégia, tal como estudada normalmente em todos os países, pede essa substância concreta, cuja necessidade sente, embora nem sempre consiga alcançá-la. Como poderia ser diferente? A arte militar pertence àquele tipo de técnica em que a experimentação direta é impossível. Quando um fabricante de automóveis concebe a ideia de um novo carro, ele só precisa construir um modelo para experimentá-lo. E se um mestre nas ciências do combate quiser examinar o comportamento provável de dois exércitos de determinado tipo no campo de batalha? É impensável imaginá-lo convocando milhares de homens para, depois de organizá-los segundo suas concepções, obrigá-los a se entrematar. Existem, claro, as grandes manobras. Mas justamente porque não se luta para matar, essas "pequenas guerras", como eram chamadas antigamente, só

[48] Do nome de um rio belga, o Dyle. A "manobra Dyle" designa o plano de intervenção dos exércitos franco-britânicos na Bélgica, em maio de 1940, que deveriam se colocar à frente do ataque alemão e tomar posição no rio.

fornecem, como todos sabem, uma imagem estranhamente deformada da verdadeira guerra, às vezes até grotesca em suas pretensões de verossimilhança. Nessas condições, é forçoso recorrer aos exemplos do passado, que são nossas experiências naturais.

Apontaremos então a parte que cabe à história nas fraquezas de nossa preparação estratégica? Alguns pensaram assim: "Devemos acreditar que a história nos enganou?" Foi a dúvida que surpreendi nos lábios de um jovem oficial recém-saído da Escola, nas últimas horas de nossa estada na Normandia, já assombrados pela derrota. Pretendia com isso lançar dúvidas sobre o ensino pretensamente histórico que recebeu, tudo bem. Mas esse ensino não era a história. Era, na verdade, o antípoda da ciência que pretendia representar.

Pois a história é, por essência, ciência da mudança. Ela sabe e ensina que dois eventos nunca se repetem de modo absolutamente igual, pois as condições nunca coincidem exatamente. Sem dúvida, ela reconhece na evolução humana alguns elementos, se não permanentes, pelo menos duráveis, para professar ao mesmo tempo a variedade quase infinita de suas combinações. Sem dúvida, ela admite certas repetições de uma civilização a outra, se não traço a traço, pelo menos nas grandes linhas de seu desenvolvimento. Constata então que, dos dois lados, as condições essenciais eram semelhantes. Ela pode tentar perceber o futuro e não é, creio eu, incapaz de conseguir. Mas suas lições não dizem absolutamente que o passado retorna e que o que foi ontem será amanhã. Examinando como ontem foi diferente de anteontem e o porquê disso, encontra nessa aproximação os meios para prever em que sentido o amanhã, por seu lado, irá se opor a ontem. Em suas páginas de pesquisa, as linhas, cujo traçado é ditado pelos fatos do passado, jamais serão retas; ela só encontrará linhas curvas e também serão curvas as que, por extrapolação, ela tentará prolongar na incerteza do tempo. Pouco importa que a natureza própria de seu objeto a impeça de modificar a seu bel-prazer os elementos do real, como podem e fazem as disciplinas da experimentação. Para detectar as relações que ligam as variações dos fenômenos às variações espontâneas dos fatores, a observação e a análise serão instrumentos suficientes. Através deles, ela alcança a razão das coisas e de suas mutações. Ela é, em uma palavra, uma autêntica ciência de experiência, pois, por meio do estudo das realidades, que um esforço de inteligência e de comparação permite decompor, consegue descobrir cada vez melhor os vaivéns paralelos da causa e do efeito. O físico não diz: "O oxigênio é um gás, pois só o encontramos a nosso redor enquanto tal." Ele diz: "O oxigênio, em determinadas circunstâncias de temperatura e pressão, que são as mais frequentes em nosso ambiente, apresenta-se em estado gasoso."

O historiador, do mesmo modo, sabe muito bem que se no intervalo de duas guerras seguidas a estrutura social, as técnicas, a mentalidade se modificaram, as duas guerras jamais serão iguais.

Ora, não existe um ato de acusação mais terrível contra o ensino histórico, tal como tem sido invariavelmente praticado nas escolas militares, do que esta simples e irrefutável constatação: aos chefes de 1914, ele persuadiu de que a guerra de 1914 seria a de Napoleão; aos chefes de 1939, de que a guerra de 1939 seria a de 1914. Folheei tempos atrás as célebres conferências de Foch, proferidas, se não me falha a memória, por volta de 1910. Raramente uma leitura produziu em mim tal estupor. É bem verdade que ele desmonta admiravelmente a batalha napoleônica, mas também a apresenta como um exemplo, sem nenhuma preocupação com a mudança dos tempos. Não que seja impossível, imagino, descobrir cá e lá algumas notas, lançadas de passagem, sobre as diferenças nos armamentos ou no equipamento do terreno. Mas seria suficiente? Seria preciso dizer, antes que qualquer descrição fosse apresentada ao leitor: "Atenção, os combates que serão narrados aqui se desenrolaram em regiões onde as estradas eram infinitamente mais espaçadas do que hoje e onde os transportes ainda apresentavam uma lentidão quase medieval. Foram combates travados entre dois exércitos cuja potência de fogo era ínfima em relação à nossa e nos quais a baioneta podia reinar soberana, pois nem a metralhadora nem o arame farpado tinham sido inventados. Se, apesar de tudo, você tem alguma lição a tirar dessa história, terá de ser sempre sob a condição de lembrar que, em qualquer parte onde novos fatores entrem em jogo, a experiência antiga, que não os comportava, perde qualquer valor." Devo confessar que só tive, com as obras ou os cursos dos modernos sucessores de Foch, um contato bastante distante. O resultado me assegura que o espírito não evoluiu.

No entanto, o comando de 1914 tornou-se o de 1918. Apesar dos erros sangrentos, soube modificar seus procedimentos e adaptá-los. No começo de 1918, o general Gouraud, que era um instrutor zeloso e engenhoso, apresentou um dia a vários oficiais, entre os quais eu me encontrava, duas companhias de infantaria: uma armada à moda de 1914 e manobrando como tal; a outra com novo tipo de composição, de armamento e de articulação de manobra. O contraste era impressionante. Mas era apenas um exemplo pego na própria base. A metamorfose havia atingido o comportamento da guerra quase por inteiro. Como se explica que nossos chefes de 1940 fossem incapazes da mesma docilidade diante da lição das coisas?

Seria conveniente considerar ainda uma formidável diferença de duração. Como uma guerra de rapidez deixaria tempo suficiente para reparar os erros de seu início? Lá onde os estados-maiores de 1914-18 tiveram quatro anos, nós tivemos apenas algumas semanas. Seria necessário um gênio excepcional para operar a reviravolta em plena batalha e, sem dúvida, o estado do material não permitiria que conseguisse isso completamente. Devíamos ter sabido analisar os novos dados do problema estratégico antes dos acontecimentos. Ou desenvolvido previamente a capacidade de nos adaptarmos a uma realidade simplesmente prevista e, portanto, analisada apenas com as forças do espírito. Este é, para a maioria dos homens, um exercício mental singularmente mais difícil do que moldar a ação, pouco a pouco, a partir de fatos diretamente observados.

Todavia, essas observações não explicam tudo e a desculpa não é suficiente, pois, em suma, não é possível que nos tempos de paz desconhecêssemos completamente os métodos do exército alemão e suas doutrinas. Sobretudo porque tínhamos diante dos olhos, desde o verão, o exemplo da campanha da Polônia, cujas lições eram bastante claras e, no essencial, os alemães se limitariam a recomeçar no oeste. Eles nos deram de presente oito meses de espera, que poderiam ser meses de reflexão e reforma. Mas não soubemos aproveitar. Por quê? Devemos introduzir aqui um fator humano e psicológico cuja importância foi considerável.

Quem eram os chefes de 1940? Generais de corpos do exército ou generais de exército que tinham feito a última guerra como chefes de batalhões ou coronéis. Seus principais auxiliares? Comandantes de companhia de 1918. Todos, em diversos graus, permaneciam dominados pelas lembranças da campanha da véspera. Quem poderia se espantar? Eles não tinham apenas ruminado mil vezes aquelas experiências gloriosas, oralmente ou por escrito; eles não as tinham transformado apenas em matéria pedagógica. Elas as aderiram às suas consciências com toda a tenacidade das imagens da juventude. Elas tinham o brilho das coisas vistas, cujas ressonâncias vibravam no mais íntimo da memória afetiva. Este ou aquele episódio, no qual muitos não veriam mais que o frio exemplo de um curso de estratégia, eram para eles, como para todos nós, veteranos, as inesquecíveis evocações do perigo enfrentado pessoalmente, do companheiro morto a nosso lado, da raiva diante de uma ordem mal dada, do arrebatamento diante do espetáculo do inimigo em fuga. Muitos deles foram obrigados, em 1915 ou 1917, a partir à frente de suas unidades ao assalto de trincheiras ainda intactas; fechando os olhos podiam rever os corpos de seus homens nos arames farpados, retalhados pelas metralhadoras. Depois, nos estados-maiores, ajudaram a montar as operações prudentes e lentas, das quais um dia sairia a vitória: a conquista do planalto de Malmaison, que serviu como um ensaio de uma tática ainda fresca; a resistência, em profundidade, do exército de Gouraud, em 15 de julho de 1918. Malpreparados pelo ensinamento recebido ou obtido por eles mesmos para compreender instintivamente a irresistível lei da mudança, que rara maleabilidade de inteligência teriam de ter para se livrar dos laços da experiência já vivida e adquirida no passado? Tudo os incitava, ao contrário, a imaginar que para ganhar a nova guerra bastava evitar os erros que quase os tinham levado à derrota na anterior e repetir os métodos que garantiram o sucesso da primeira vez. Por volta de fevereiro, escrevi a um amigo: "Uma coisa é certa: se nosso comando fizer besteiras, não serão as mesmas dos ataques de Champagne ou da ofensiva Nivelle." Ai de mim!, o campo dos erros não tem limites, e o que ontem foi sábio pode se transformar amanhã em loucura.

Sem dúvida, os sortilégios do passado foram menos fortes em cérebros menos esclerosados pela idade. Pude observar com uma clareza crescente, à medida que a campanha se desenvolvia, que os jovens oficiais de estado-maior, cuja maioria não havia tido participação na última guerra, em geral enxergavam mais límpido que seus chefes. Os melhores alunos, a bem dizer, permaneciam obstinadamente fiéis às doutrinas aprendidas. E detinham infelizmente os postos mais influentes. Muitos outros, no entanto, depois de rezarem mais ou menos pela cartilha do mestre, começaram a sacudir os entraves intelectuais de uma formação que tendiam a julgar com severidade. Mesmo entre os oficiais mais maduros, veteranos de 1914 ou de 1918, mas ainda distantes da velhice, muitos não se mostravam incapazes de renovação. Mas como! Nosso comando era um comando de velhotes.

As regras de promoção em tempos de paz, que criam chefes de batalhão aos quarenta anos, nos deram generais de sessenta. E como acontece com frequência, esses personagens engelhados, carregados de honrarias e alguns de antigas glórias, completamente esquecidos de que eles próprios, nos tempos das façanhas passadas, haviam sido jovens, tinham como sua preocupação maior barrar o caminho dos mais jovens. O público não deu a devida atenção à lei que, pouco antes da guerra, dotou a hierarquia militar de dois novos escalões. Durante muito tempo, não houve no exército uma patente mais alta que a de general de divisão. Uma simples carta de instrução, outorgada ao arbítrio do governo ou do GQG, bastava para fixar as atribuições dos oficiais-generais desse nível: podia habilitá-los tanto para o comando de um exército, quiçá de todos os exércitos, quanto para o de um corpo de exército ou simplesmente de uma divisão. Mas existe paraíso de verdade sem um grande número de degraus em torno do celeste trono? Um belo dia, decidiu-se que os postos de general de exército e de corpo de exército, até então simples funções, se transformariam em patentes. Inofensiva satisfação para o amor-próprio, dirão alguns, oferecida a alguns homens um pouco frivolamente sedentos de distinção. Mas não! Lá onde existem diferentes patentes, a disciplina exige de modo irrevogável que caiba aos mais elevados o direito ao comando. Impossível desde então que um jovem divisionário assuma, por exemplo, um exército se antes não for pelo menos promovido formalmente a general de corpo de exército, pois uma vez à frente de sua nova unidade ele terá sob suas ordens, por definição, subordinados desse grau hierárquico. Ora, a passagem de um grau a outro é naturalmente sujeita a regulamentos ou costumes que a tornam muito mais lenta e difícil do que uma simples mudança de emprego. Os membros do Conselho Superior de Guerra, todos promovidos à nova dignidade de generais de exército através da reforma que sem dúvida inspiraram, acalentavam agora a esperança de se perpetuar, acontecesse o que acontecesse, na direção da nação em armas. Na verdade, se tal sistema já existisse na última guerra, duvido que tivéssemos visto um certo tenente-coronel de 1914 – ele se chamava Debeney – conduzindo o I Exército, em 1918, nas vitórias de Montdidier e de Saint-Quentin, nem o coronel Pétain – o Pétain de nossa juventude – galgar, queimando etapas, alguns degraus gloriosos para finalmente desfilar sob o Arco do Triunfo em cima de um tanque, numa manhã de verão, à frente de todas as tropas francesas.

Da mesma forma, quando começamos a perceber, desde os primeiros fracassos, que o nosso alto-comando talvez não fosse perfeito, onde poderíamos encontrar sangue jovem e fresco para lhe injetar mais força? À frente dos exércitos foi colocado o chefe de estado-maior de um dos generalíssimos da guerra anterior;[49] como conselheiro técnico do governo, mais um desses generalíssimos: o primeiro era, aliás, ex-vice-presidente do Conselho Superior de Guerra; o segundo, ministro da Guerra nessa mesma época. Ambos responsáveis, por isso mesmo, por boa parte dos métodos cujos vícios saltavam aos olhos de todos. Era grande, portanto, o

[49] Chefe de estado-maior do general Foch, o general Maurice Weygand (1867-1965) deixou o serviço em 1935. Reconvocado em 1939, tornou-se, a partir de 18 de maio, chefe de estado-maior da Defesa Nacional e comandante em chefe do conjunto das operações em substituição ao general Gamelin. Ele integrou o Conselho Superior de Guerra em 1924. Em 17 de maio, o marechal Pétain tornou-se vice-presidente do Conselho. Ele havia presidido o Conselho Superior de Guerra de 1920 a 1931. Em 16 de junho, foi alçado ao cargo de presidente do Conselho e já no dia seguinte pediu o armistício. Nomeado ministro da Guerra em 1934, declarou: "A floresta de Ardennes é impenetrável." Marc Bloch considera, com razão, que os dois generais carregam uma grande parte da responsabilidade pelo despreparo dos exércitos franceses.

poder que a superstição da idade exercia sobre os espíritos nos meios militares e até mesmo em nossos governantes; o respeito por um prestígio que, certamente venerável, já deveria estar envolto há muito tempo no sudário de púrpura dos deuses mortos, nem que fosse para protegê-lo, e, por fim, o falso culto de uma experiência que, buscando suas pretensas lições no passado, não poderia conduzir a uma boa interpretação do presente.

A bem da verdade, um recentíssimo general de brigada também foi convocado para os Conselhos do governo.[50] O que fez ele? Não sei. Mas tenho grande receio de que, diante de todas essas constelações, suas pobres pequenas estrelas não tenham tido grande peso. Um Comitê de Salvação público teria feito dele um general em chefe. Até o fim, nossa guerra foi uma guerra de gente velha e de ótimos alunos encalacrados nos erros de uma história percebida pelo avesso: uma guerra penetrada pelo cheiro de mofo que exala da Escola, do bureau de estado-maior dos tempos de paz e da caserna. O mundo pertence aos que amam o novo. É por isso que, tendo se deparado com ele, com esse novo, mas incapaz de incorporá-lo, nosso comando não apenas sofreu a derrota: assim como certos boxeadores, lentos por excesso de peso e que desmontam ao primeiro golpe inesperado, ele a aceitou.

Mas, sem dúvida, nossos chefes não teriam sucumbido com tamanha complacência culpada a esse desânimo – que uma sábia teologia elegeu como um de seus piores pecados – se estivessem simplesmente inseguros de seu talento. No fundo de seus corações, eles estavam prontos com antecedência para levar ao desespero o país que deviam defender e o povo que lhes fornecia seus soldados. E, aqui, deixamos o domínio militar. É mais longe e mais profundamente que devemos buscar as raízes de um mal-entendido grave demais para não ser incluído entre as principais razões do desastre.

---

50 Charles de Gaulle, promovido a general de brigada a título provisório em 25 de maio, foi nomeado subsecretário de Estado no Ministério da Defesa Nacional e da Guerra em 5 de junho de 1940.

Exame de consciência de um francês

Numa nação, uma categoria profissional nunca é, sozinha, totalmente responsável por seus próprios atos. O poder da solidariedade coletiva é grande demais para que tal autonomia moral seja possível. Os estados-maiores trabalharam com os instrumentos que o país lhes forneceu. Viveram num ambiente psicológico que não foi inteiramente criado por eles. Eles eram aquilo que os meios humanos, de onde se originaram, fizeram deles, e aquilo que o conjunto da comunidade francesa permitiu que fossem. É por isso que um homem de bem, tendo exposto o melhor possível, de acordo com sua experiência, o que pôde ver dos vícios de nosso comando militar e da parte que lhe coube na derrota, não poderia parar aí sem ter a sensação de estar cometendo uma espécie de traição. A equidade exige que o testemunho do soldado se prolongue num exame de consciência do francês.

Com certeza não abordo esta parte de minha tarefa com o coração alegre. Francês, serei obrigado, ao falar de meu país, a não falar somente bem – é duro ter de descobrir as fraquezas de uma mãe dolorosa. Historiador, conheço melhor que ninguém as dificuldades de uma análise que, para não ser demasiado imperfeita, terá de remontar até as ramificações das causas mais distantes, mais complexas e, no estado atual das ciências humanas, mais ocultas. Que importam aqui, no entanto, os pequenos escrúpulos pessoais? Meus filhos, que lerão este balanço, os amigos desconhecidos, sob os olhos de quem ele talvez caia um dia, como aceitar que possam reprová-lo por ter tergiversado sobre a verdade e, severo para com certos erros, ter guardado um silêncio complacente sobre as falhas em que todos os cidadãos tiveram sua parte de responsabilidade?

Os combatentes raramente se mostram satisfeitos com a retaguarda. Quando se dorme ao relento, é necessário um coração especialmente grande para perdoar aos companheiros as noites passadas em leitos macios, ou quando se está sob o fogo das metralhadoras, para evocar sem amargura a fecunda segurança das lojas que não foram abandonadas pelos fregueses, ou os encantos tranquilos dos cafés de província, cujas varandas só conhecem da guerra as meditações estratégicas. A batalha terminou em desastre? É nesse momento que a brecha entre as duas metades da nação corre o risco de ser mais duradoura. O soldado de tropa, consciente de seus sacrifícios, se recusa a se responsabilizar por sua inutilidade. Seus chefes, que temem seu julgamento, os encorajam a buscar culpados por todo lado, menos no exército. E assim nasce a lenda fatal da punhalada pelas costas, tão propícia aos projetos de recuperação às avessas e aos golpes. As páginas anteriores mostraram bem: nem todos os velhos soldados de 1940 se dispuseram a ouvir esses semeadores de discórdia. Mas é forçoso reconhecer que a retaguarda também cometeu muitos pecados.

E havia, ou melhor, poderia haver na época uma verdadeira retaguarda no sentido que estamos instintivamente habituados a ouvir a expressão? Em 1915-18, a França armada era feita de várias faixas de territórios alinhados em profundidade. Na gradação do perigo, cada qual se distinguia por uma cor. A área do front, em chamas, vinha na frente: móvel, é verdade, mas as estimativas eram de que havia sofrido um terrível recuo, mesmo que tivesse se deslocado apenas das redondezas de Saint-Quentin para os subúrbios de Noyon, ou seja, cerca de meia hora de carro. Um pouco mais adiante, espalhada numa faixa bastante estreita, a semirretaguarda dos acampamentos de repouso, ainda relativamente exposta. Por fim, a retaguarda propriamente dita, que se desenrolava ao infinito na tranquilidade de seus campos e cidades. Sem dúvida, a brusca sirene de um alerta, que considerávamos quase escandalosa, vinha de tempos em tempos perturbar por um instante a calma desse abrigo venturoso: um Junker sobrevoava Paris; um zepelim deixava cair suas bombas; um Berta lançava inesperadamente os seus obuses, às vezes no lago de um jardim público, às vezes, com um sucesso cruel, contra o pilar de uma igreja. Estremecíamos em nossas trincheiras, pensando em nossas famílias. O que é isso, no entanto, perto de nossas lembranças mais recentes?

O bombardeio por aviões e a guerra de velocidade vieram disseminar a confusão nessa bela organização do perigo. Não há mais céu sem ameaça e a força de penetração dos elementos motorizados engoliu as distâncias. Centenas de pessoas encontraram a morte em alguns minutos, em Rennes, a bretã, onde ainda ontem todos se sentiam tão protegidos quanto no coração da América. As estradas do Berry sofreram sob a metralha, que não distingue o soldado da criança. Tais horrores eram, na verdade, tão novos como alguns pensavam? Certamente que, por sua intensidade e sobretudo por sua rapidez, o bombardeio aéreo não tinha precedentes como cataclismo destruidor. Mas não está tão longe assim o tempo em que as guerras acumulavam, em geral, mais vítimas nos campos, saqueados e famintos, ou ao longo das ruas das cidades pilhadas do que nas próprias fileiras de combatentes. Somente alguns leitores de velhos alfarrábios conseguirão se lembrar. O passado recente é para o homem médio uma tela confortável: esconde as distâncias da história e suas trágicas possibilidades de renovação. Longe dessas épocas bárbaras nas quais o guerreiro não era o único a morrer! As populações da retaguarda, assim como os bureaux de intendência ou de guarnição, preferiram acreditar na distinção de categorias.

Havia, no entanto, algumas boas razões para duvidar e, provavelmente, lá no fundo do coração, eles não acreditavam tanto assim, dado que não faltaram avisos. As imagens atrozes da Espanha em escombros não desfilaram tantas vezes diante de nossos olhos, nos cinemas? O martírio das cidades polonesas não nos foi relatado tantas vezes, reportagem após reportagem? Num certo sentido, fomos mais do que avisados. Continuo convencido de que a propaganda inimiga não foi estranha a essa cavilosa insistência no tema do bombardeio aéreo. Paris poderia ter sido defendida, a superstição das cidades abertas não teria atrapalhado tanto as operações se a opinião pública tivesse uma imagem menos vívida da sorte de Madri, de Nanquim ou de Varsóvia.[1] Muita coisa foi dita para provocar nosso

---

[1] Madri, sitiada durante a Guerra da Espanha pelas tropas nacionalistas, foi assolada por bombardeios aéreos, novidade que chocou tanto quanto a sua violência. Nanquim, teatro de violentos combates, foi saqueada em dezembro de 1937 pelos exércitos japoneses (300 mil vítimas). A Segunda Guerra Mundial teve início em 1º de setembro de 1939, às 4h30,

medo, mas não o suficiente, e não nos termos adequados para que o sentimento comum aceitasse o inevitável e, nas condições novas ou renovadas da guerra, permitisse a reestruturação do moral civil.

Não tenho, creio eu, uma alma insensível à piedade. Talvez os espetáculos que duas guerras sucessivas me impuseram acabaram por endurecê-la um pouco. Mas sei que não me habituarei jamais a nenhuma destas imagens: o terror no rosto das crianças que fogem da queda das bombas numa aldeia sobrevoada. Peço aos céus que nunca recoloquem essa visão diante de meus olhos na realidade, e o menos possível em meus sonhos. É atroz que as guerras não consigam poupar nem a infância, não somente porque ela é o futuro, mas principalmente porque sua terna fraqueza e sua irresponsabilidade dirigem à nossa proteção um apelo tão confiante. A lenda cristã nunca teria sido tão severa com Herodes se só pudesse lhe censurar a morte do Precursor. Seu crime inexpiável foi o Massacre dos Inocentes.

Diante do perigo nacional e dos deveres que ele prescreve, todos os adultos são iguais, e é um estranho mal-entendido querer facultar a alguns deles um privilégio qualquer de imunidade. O que é, na verdade, um "civil", no sentido que a palavra ganha em tempos de guerra? Nada mais que um homem a quem o número de anos, a saúde, às vezes a profissão, considerada particularmente necessária à defesa, não permitem que pegue em armas. Ver-se impedido do direito de servir a seu país, do modo como todo cidadão deveria querer fazê-lo, é uma infelicidade; não dá para entender por que isso garantiria um direito de escapar ao perigo comum. Dentro de poucos anos não poderei mais ser convocado. Meus filhos tomarão meu lugar. Devo concluir com isso que minha vida se tornou mais preciosa que a deles? Seria muito melhor, ao contrário, que sua juventude fosse conservada à custa, se necessário fosse, de minha velhice. Há muito tempo Heródoto afirmou: a grande impiedade da guerra é que os pais têm de levar seus filhos ao túmulo. Estaríamos reclamando um retorno à lei da natu-

---

com o bombardeio da pequena cidade de Wielun, na Polônia, com 1.200 vítimas civis. Nos dias seguintes, Varsóvia, a capital, foi sistematicamente bombardeada e pesadamente destruída: 30% dos edifícios ficaram em ruínas.

reza? Quanto à nação, não há tragédia pior do que ser obrigada a sacrificar as existências sobre as quais repousa o seu destino. Diante dessas forças vicejantes, as demais têm apenas um pequeno peso. Não excluiria nem as mulheres, à exceção das jovens mães, cuja salvação é indispensável para os filhos. Nossas companheiras riem dos desmaios de suas antepassadas. Elas têm toda a razão e não vejo por que a coragem seria menos natural nelas do que em nós, nem menos obrigatória. Nos tempos do exército de ofício, o soldado profissional, ora senhor, ora mercenário, derramava seu sangue por seus mandatários. Em troca, as populações não combatentes os mantinham com seus impostos, ou lhes pagavam salários. Se eles colocassem sua segurança em risco, elas podiam se queixar legitimamente. Configurava-se uma ruptura de contrato. Em nossos dias, qualquer um que tenha forças é feito soldado e ninguém, na cidade ameaçada, escapa ao recrutamento em massa, a seus incômodos e riscos. Esta é a única via clara. O resto é apenas sentimentalismo – ou covardia.

Essas verdades parecem tão simples que causa certo pudor lembrá-las. No entanto, teriam sido sempre unanimemente compreendidas nos meses que acabamos de viver? Vimos demasiados administradores pensando que obedeciam ao dever de suas funções ao suplicar que suas cidades não fossem defendidas; demasiados chefes, civis ou militares, seguindo essa falsa concepção de interesse público. Sem dúvida, essas almas tementes não eram perseguidas apenas pela preocupação, em si muito tocante, de poupar vidas humanas. As terríveis destruições de bens que acompanharam a guerra de 1914-18 deixaram lembranças candentes. Todos sabiam que haviam mutilado cruelmente o patrimônio artístico do país e que, sobretudo, haviam comprometido amplamente a sua prosperidade. E passaram a considerar prudente aceitar qualquer coisa antes de sofrer novamente esse duplo empobrecimento. Sabedoria singular essa, que não se perguntava se pode existir, tanto para uma civilização como para uma economia, catástrofe pior do que se deixar vencer por uma nação de rapina!

Veio o dia em que decidiram declarar todas as cidades com mais de 20 mil habitantes cidades abertas. Podemos tolerar que uma aldeia de campônios seja bombardeada, saqueada, incendiada – aparentemente era o que pensavam esses bons apóstolos. Mas uma cidade burguesa? Imaginem!... E foi assim que, enquanto os cadetes de Saumur eram mortos no Loire,[2] o inimigo já tinha atravessado, às suas costas, as pontes de Nantes, proibidas ao combate.

É preciso ter a coragem de dizer: essa fraqueza coletiva foi muitas vezes apenas a soma de muitas fraquezas individuais. Funcionários fugiram, sem ordem. Ordens de partida foram dadas prematuramente. Houve em todo o país um verdadeiro frenesi de êxodo. Quem de nós não encontrou, nas estradas, entre as filas de evacuados, verdadeiras coortes de bombeiros trepados em suas viaturas municipais? Ao anúncio do avanço inimigo, corriam para colocar seu pessoal em segurança, junto com seus bens. Cumprindo ordens, quero crer. Tudo podia queimar nos incêndios, desde que se conservasse longe das brasas o necessário para apagá-lo... Maravilhas da burocracia, dirão alguns. Ai de mim! O mal era mais profundo. Sei de um centro industrial onde, à chegada dos alemães, os mais importantes donos de empresa foram vistos abandonando precipitadamente as fábricas, sem garantir sequer o pagamento dos operários. Mobilizados, creio que cumpririam seu dever até o fim. Mantidos "civis", esqueceram-se dele, e ninguém se lembrou de lhes repetir que em tempos de guerra as profissões deixam de existir. A nação armada só conhece postos de combate.

Estarei enganado? Irei, por minha vez, ceder à tentação que leva os homens a caminho da velhice de diminuir, diante de suas lembranças de juventude, as gerações seguintes? Tive a impressão de que, mesmo entre os convocáveis, alguma coisa havia se perdido desse poderoso impulso de igualdade no perigo que, em 1914, sustentou muitos de nós. Sem dúvida, apresentamos algumas isenções de serviço a nosso povo menos como necessidades desagradáveis e um pouco humilhantes do que como favores, quiçá direitos. Repetiram demais aos camponeses: "Por que os

[2] Em 19 de junho, os alunos ("cadetes") da Escola de Cavalaria de Saumur opuseram uma resistência heroica às vanguardas alemãs para defender a travessia do Loire. Na véspera, porém, Charles Pomaret, ministro do Interior, declarara "abertas" todas as cidades com mais de 20 mil habitantes, franqueando assim as pontes desse rio ao inimigo.

operários e vocês não?"; aos pais de família: "Seus filhos precisam de vocês"; aos veteranos: "Duas vezes é realmente demais." Quando o Ministério do Armamento foi reorganizado e ampliado, a debandada de muitos oficiais da reserva para seus gabinetes tranquilos nos causou um certo desgosto. Eles partiam bradando: "Que maçada! Mas precisam muito de mim!" Eram todos eles realmente tão indispensáveis? Não teria sido possível muitas vezes colocar alguém mais velho em seus lugares? Ouvi certas vezes pessoas bem-intencionadas exprimirem o desejo de que pelo menos a nossa juventude intelectual fosse poupada das fatais hecatombes da última guerra. A meu ver, esse sentimento soava falso. Com certeza, é terrível que tantas esperanças tenham perecido no Marne, no Yser ou no Somme. Nossas forças espirituais sangraram longamente. Mas diante da opção pelas armas, haveria, mais uma vez, algo que pudesse pesar na balança? Que golpe poderia atingir nossa liberdade intelectual, nossa cultura, nosso equilíbrio moral mais profundamente que a derrota? Aqui também as exceções são inconcebíveis diante do sacrifício. Ninguém tem o direito de acreditar que sua vida é mais útil que a dos vizinhos, pois cada um, em sua esfera, pequena ou grande, sempre encontrará razões perfeitamente legítimas para se acreditar necessário.

Não sei que peso essa preocupação de poupar o sangue dos jovens teve no notável atraso do recrutamento e na instrução dos recrutas. No momento da derrocada, a turma de 1940 tinha, em sua maioria, acabado de ser convocada e ainda não tinha recebido praticamente nenhuma instrução. Quanto aos adolescentes, com poucos anos a menos e que em sua maioria só pedia para seguir os passos dos mais velhos, nada foi feito para organizar sua preparação militar na maior parte das cidades. Quem foram os responsáveis por essa incrível negligência? O comando ou o governo político? (Mas se os estados-maiores tivessem insistido, eles não teriam suspendido a decisão?) Não estou bem-informado sobre os motivos. Devemos acreditar que o interminável período de espera, quase sem perdas, fez nossos chefes se esquecerem da necessidade de manter em prontidão os reforços dos quais precisariam com toda a urgência assim que a batalha começasse? Este não teria sido um dos efeitos menos desastrosos desse longo "apodrecimento da guerra", como diziam os alemães, que nos ofereceram conscientemente esse falacioso benefício. "Temos homens demais", dizia um oficial a um de meus colegas que, dispensado como pai de família, pediu para permanecer na ativa. Temíamos a falta de armas? Ou, enfim, perseguidos pela lembrança daquela desafortunada turma 16 – que, com lágrimas nos olhos, tínhamos visto mergulhar um pouco antes, quase ao sair da infância, na fornalha do Somme –, cedemos, como conjecturei na época, aos conselhos de uma piedade um tanto frouxa? É certo, em todo caso, que alguma coisa do implacável heroísmo da pátria em perigo faltou a nossos chefes e, sem dúvida, às nossas classes dirigentes.

A bem da verdade, essa expressão, classes dirigentes, não é inequívoca. Na França de 1939, a alta burguesia se queixava sempre de ter perdido todo o poder. E exagerava bastante. Apoiado pelo setor financeiro, o regime dos "notáveis" não estava assim tão "acabado". Mas é verdade que os senhores de antanho já não detinham o monopólio das alavancas de comando. Ao lado deles, se não as massas de assalariados, pelo menos os chefes dos principais sindicatos também contavam entre as potências da República. Pudemos constatar isso em 1938, através do uso que um ministro, entreguista dos entreguistas entre os adeptos dos acordos de Munique,[3] soube fazer de seu representante para disseminar pânico na opinião pública, favorável às suas próprias fraquezas. Ora, as falhas do sindicalismo operário não foram, nesta guerra, menos inegáveis do que as dos estados-maiores.

Vou falar aqui de coisas que não vi com os próprios olhos. A fábrica de guerra ou de pré-guerra se encontrava, pode-se adivinhar, bem longe de

[3] Georges Bonnet (1889-1973), ministro do Exterior no governo Daladier, que assumiu em abril de 1938. Partidário das concessões a Hitler, foi um dos artesãos do desmantelamento da Tchecoslováquia com os acordos de Munique (30 de setembro de 1938). Ele continuou a trabalhar nesse sentido por ocasião do conflito a respeito de Dantzig, entre a Alemanha e a Polônia. Em 1940, Bonnet votou a favor de concessão de plenos poderes ao marechal Pétain.

meu campo de visão. Mas reuni um número grande demais de depoimentos coincidentes sobre esse assunto, provenientes dos mais diversos meios, desde os engenheiros até os operários, para me sentir autorizado a duvidar das conclusões a que chegavam. Não se trabalhou o suficiente nos artefatos da guerra; não se construíram aviões, motores e tanques suficientes. Os assalariados, sozinhos, não foram, creio eu, os principais responsáveis por isso, mas teriam dificuldade para clamar inocência. Esquecidos de que ocupavam, eles também, a seu modo, postos de soldados, tentaram acima de tudo vender seu trabalho ao preço mais alto, ou seja, fornecer o menor esforço possível, durante o mínimo de tempo possível, pelo máximo de dinheiro possível. Em tempos normais, nada mais natural. "Materialismo sórdido", bradou certa vez um político que ninguém poderia imaginar tão espiritualizado. Ele nos passou a perna direitinho. O operário é um comerciante de força humana. Os comerciantes de tecidos, de açúcar ou de canhões não tinham o direito de se escandalizar, pois também aplicavam, por seu lado, a grande lei do comércio, que é dar pouco para receber muito. No entanto, embora legítima em certos momentos, tal atitude, no seio de um povo em perigo e diante dos sacrifícios dos combatentes, mostrava-se cruelmente inoportuna. Um de meus vizinhos de campanha, bombeiro recrutado numa fábrica, contou-me que seus colegas escondiam as ferramentas para impedi-lo de trabalhar mais, ou mais rápido do que rezava o costume não escrito da fábrica. Eis aí, colhido na própria vida, um terrível ato de acusação.

Seria muito injusto supor, sem dúvida, que tal desprezo pelos interesses nacionais fosse absolutamente generalizado em toda uma classe. Concordo de bom grado que houve exceções. Mas só o fato de que fosse amplamente disseminado já basta para que suas consequências tenham pesado na balança da guerra. Isso exige uma explicação.

Repetiu-se muito, em todos os tons, que essa guerra fez apelo, muito mais que a anterior, aos sentimentos profundos da nação. É, penso eu, um grave erro. Não faz parte do temperamento do nosso povo desejar a guerra em tempo algum. Nenhum francês, em 1939, desejava "morrer por Dantzig". Assim como nenhum francês desejava, em 1914, "morrer por Belgrado".

E a camarilha que tecia suas tramas ao redor dos Karageorges[4] não era nem mais conhecida dos nossos camponeses ou operários do que, 25 anos mais tarde, o governo corrompido dos "coronéis" da Polônia,[5] nem mais capaz, se pudesse, de suscitar o entusiasmo de nossas multidões. Quanto à Alsácia-Lorena, se é verdade que a imagem das províncias mártires saltou bruscamente, desde os primeiros combates de agosto de 1914, das sombras discretas onde até alguns dias atrás estivera escondida, isso só aconteceu sob o efeito de necessidades consentidas. A partir do momento em que foi necessário pegar em armas, não era mais possível pensar em depô-las sem antes libertar os irmãos perdidos. Enquanto durou a paz, nunca os belos olhos das alsacianas das litogravuras tiveram poder suficiente para fazer a opinião pública, preocupada sobretudo com a segurança de seu lar, aceitar, com o coração leve, mergulhar o país nos perigos mais terríveis com o único objetivo de secar suas lágrimas.

A verdade é que, das duas vezes, a fonte do impulso popular foi a mesma. "*Eles* não param de procurar briga com todo mundo. *Eles* querem tudo para eles. Quanto mais dermos, mais *eles* vão querer. Isso não pode continuar." Foi o que disse um de meus vizinhos, em minha cidadezinha da região de Creuse, um pouco antes de minha partida para Estrasburgo. Um camponês de 1914 não diria outra coisa. Aliás, se alguma das duas guerras se aproximou mais das inclinações íntimas das massas e, sobretudo, das massas operárias, foi sem dúvida a segunda. Em razão, precisamente, desse caráter "ideológico" que tanto lhe reprovaram e que, no entanto, dava ao sacrifício um acréscimo de beleza. Assim como em 1914 o francês das fábricas ou dos campos não aceitaria derramar seu sangue

---

[4] Dinastia sérvia à qual pertenciam os reis Pedro I (1903-21) e Alexandre I da Iugoslávia (1921-34), este último assassinado em Marselha junto com o ministro do Exterior francês, Louis Barthou. Sob a regência do príncipe Paul, a Iugoslávia mudou sua política internacional, aproximando-se da Itália de Mussolini.

[5] Depois da morte do marechal Pilsudski (1935), a Polônia ficou sob o comando de militares do bloco governista, estruturado pelo velho marechal (general Skladkowski, coronel Józef Beck, marechal Rydz-Smigly). A política externa do regime, dito "dos coronéis", tentaria neutralizar as ameaças da Alemanha e da União Soviética contra a República polonesa.

espontaneamente para libertar a Alsácia-Lorena, em 1939 ele não aceitaria derramá-lo para derrubar ditaduras. Mas numa luta engajada contra elas e por culpa delas, ele teve a consciência de que servia a uma grande obra humana; duvidar disso seria desconhecer tudo o que existe de nobreza indizível no íntimo de um velho povo civilizado como o nosso. O absurdo de nossa propaganda oficial, seu otimismo irritante e grosseiro, sua timidez e, acima de tudo, a impotência de nossos governantes para definir honestamente os seus objetivos de guerra podem ter conseguido, durante os longuíssimos meses de inação, obscurecer um pouco essas primeiras e vivas clarezas. Em maio de 1940, o espírito de mobilização não estava morto. Sobre os homens que fizeram da *Marselhesa* o seu canto de congraçamento, ela continuava a entoar, com o mesmo impulso, o culto da pátria e a execração dos tiranos.

Só que nos meios assalariados esses instintos, ainda muito fortes, cuja chama um governo menos temeroso teria sabido manter, eram combatidos por outras tendências menos antigas de consciência coletiva. Nos tempos de juventude, as pessoas da minha geração depositaram no sindicalismo as suas mais vastas esperanças. Mas não pensávamos no funesto encolhimento dos horizontes, diante do qual o impulso dos tempos heroicos sucumbiu pouco a pouco. Teria sido efeito de uma política salarial que conduziu, quase necessariamente, ao aumento fora de qualquer medida dos pequenos interesses momentâneos? Da diplomacia sutil, das armadilhas eleitorais, das intrigas dos clãs em que se enredavam os dirigentes dos grupos? Dos costumes burocráticos contraídos pelas administrações operárias? Fato é que esse tipo de desvio, mais ou menos universal em todos os países, parece fazer parte de uma espécie de inelutável fatalidade.

É conhecida a palavra com a qual Marx costumava estigmatizar os movimentos sociais sem envergadura: *Kleinbürgerlich*. Existe alguma coisa mais "pequeno-burguesa" que a atitude, durante esses últimos anos e na própria guerra, da maioria dos grandes sindicatos e, sobretudo, do sindicato dos funcionários públicos? Estive algumas vezes em algumas assembleias do meu ofício. Aqueles intelectuais não tratavam sequer das pequenas questões, que dirá das grandes. Nem o papel da corporação no país, nem mesmo o seu futuro material pareciam existir para eles. Os lucros do presente limitavam implacavelmente a sua visão. E temo que o mesmo tenha acontecido em outras assembleias. O que percebi durante a guerra, o que percebo durante o pós-guerra, entre os carteiros e mais ainda entre os ferroviários, não é nada edificante. Brava gente, com certeza, em sua imensa maioria, ninguém duvida; heróis mesmo quando a ocasião se apresentou, como alguns puderam demonstrar. Mas será que a massa e sobretudo os seus representantes entenderam alguma coisa da ampliação do dever que uma época como a nossa prescreve de maneira tão imperiosa? Quero dizer: no exercício cotidiano do ofício que ainda é, afinal, a pedra de toque da consciência profissional. Em junho, pude observar o seguinte em várias cidades do oeste: mulheres infelizes que, de paragem em paragem, tentavam voltar às suas casas e erravam pelas ruas carregando pesados fardos. A razão? Por medo de impor algumas horas de trabalho suplementar ou mais intensivo que o habitual a seus funcionários, as estações acharam por bem fechar seus guarda-volumes. Esses antolhos, esse congestionamento administrativo, essas rivalidades pessoais, essa falta de disposição, enfim, tão distantes do dinamismo de um Pelloutier[6] explicam o frouxo marasmo dos sindicatos em toda a Europa e também entre nós diante dos primeiros golpes dos poderes ditatoriais. Seu comportamento durante a guerra não tem outra origem. Pouco importam, cá e lá, algumas declarações sonoras que miravam as galerias. As multidões sindicalizadas não se compenetraram da ideia de que para elas nada mais contava diante da necessidade de conduzir, o mais rápido e completamente possível, junto com a vitória da pátria, a derrota do nazismo e de tudo aquilo que seus imitadores, se ele triunfasse, iriam forçosamente lhes pedir emprestado. Ninguém nunca se deu o trabalho de ensiná-las, como seria dever de um verdadeiro chefe, a ver mais longe, mais alto e mais amplo, bem além das preocupações com o pão cotidiano, que poderiam, talvez, comprometer

---

[6] Fundador das *Bourses du Travail* e de *L'Ouvrier des Deux Mondes*, Fernand Pelloutier (1867-1901) defendia que os operários adquirissem a "ciência de sua desgraça" através da educação e da luta sindical. Libertário, Pelloutier opunha-se a qualquer forma de ditadura, inclusive a do proletariado.

o próprio pão do dia seguinte. Hoje, a hora do castigo chegou. Raramente a incompreensão terá sido tão duramente punida.

Além disso, havia também a ideologia internacionalista e pacifista. Sou, e me orgulho disso, um bom cidadão do mundo e o menos chauvinista dos homens. Historiador, pude perceber toda a verdade contida no famoso grito de Karl Marx: "Proletários de todos os países, uni-vos!" Vi a guerra tantas vezes que, enfim, não posso ignorar que é uma coisa horrível e estúpida. Mas a estreiteza de espírito que denunciei linhas atrás consistiu precisamente em harmonizar tais sentimentos com outros impulsos, não menos respeitáveis. Nunca pensei que amar a pátria impedisse de amar os próprios filhos, e também não entendo por que o internacionalismo do espírito ou da classe seria inconciliável com o culto à pátria.[7] Em outras palavras, sinto, ao interrogar minha própria consciência, que tal antinomia não existe. É pobre um coração que se vê proibido de abraçar mais de um afeto. Deixemos, no entanto, o terreno do afetivo. Quem quer que tenha pudor de si mesmo e horror das grandes palavras, vulgarizadas demais para que traduzam adequadamente realidades espirituais tão íntimas, não saberia permanecer aí por muito tempo sem advir um mal-estar. Também não é nesse terreno que nossos pacifistas nos convidam a segui-los.

Eles invocavam, antes de mais nada, o interesse; e foi fazendo desse pretenso interesse uma imagem terrivelmente estranha a qualquer verdadeiro conhecimento do mundo que induziram a erro os seus discípulos, que, como carneiros num rebanho, confiavam neles.

Diziam que o capitalismo francês era duro com seus servidores e, com certeza, não estavam errados. Mas esqueciam que a vitória dos regimes autoritários acarretaria inevitavelmente a sujeição quase total de nossos operários. Será que não percebiam à sua volta, prontos para agarrá-la e

---

[7] Talvez se encontre como pano de fundo desse desenvolvimento uma reminiscência da fórmula de Jean Jaurès que Marc Bloch anotou em seu *Caderno* de 1916: "Um pouco de internacionalismo afasta da pátria; muito internacionalismo reconduz a ela. Um pouco de patriotismo afasta da Internacional; muito patriotismo reconduz a ela" (*L'Armée nouvelle*, Édition de L'Humanité, 1915, p.463-4).

quase a desejá-la, os futuros aproveitadores de nossa derrota? Ensinavam, não sem razão, que a guerra acumula perdas inúteis. Mas omitiam-se na hora de distinguir entre a guerra que decidimos fazer voluntariamente e aquela que nos é imposta; entre o assassinato e a legítima defesa. Alguém perguntava se estavam nos aconselhando a estender o pescoço para o carrasco. Eles respondiam: "Ninguém está atacando vocês." Gostavam de jogar com as palavras e talvez por terem perdido o hábito de encarar o próprio pensamento tenham se enredado nos fios dos próprios equívocos. O ladrão não grita à sua vítima: "Dê-me o seu sangue!" Ele permite uma escolha: "A bolsa ou a vida." Como faz o povo agressor ao povo cuja opressão almeja: "Abdique de sua liberdade ou aceite o massacre." Eles proclamavam que a guerra é um problema dos ricos ou dos poderosos com o qual o pobre não tem que se meter. Como se, numa velha coletividade cimentada por séculos de civilização comum, o mais humilde não fosse sempre, voluntária ou involuntariamente, solidário ao mais forte. Eles murmuravam – pude ouvi-los – que os hitleristas não eram, em suma, tão malvados quanto queriam pintá-los: sem dúvida, pouparíamos mais sofrimento escancarando as portas para eles do que nos opondo, pela violência, à invasão. O que pensam hoje esses bons apóstolos, na zona ocupada, tiranizada, esfomeada?

Como a palavra que pregavam era um evangelho de aparente comodidade, seus sermões encontravam eco fácil nos instintos preguiçosamente egoístas que, ao lado das potencialidades mais nobres, dormem no fundo de todo coração humano. Esses entusiastas, entre os quais muitos não eram pessoalmente covardes, trabalhavam inconscientemente para fazer covardes. Pois é verdade que a virtude, se não vem acompanhada de uma severa crítica da inteligência, corre sempre o risco de se virar contra seus objetivos mais caros. Professores, meus irmãos, que em grande número lutaram tão bem; que, ao preço de uma imensa boa vontade souberam criar em nosso país de liceanos sonolentos, de universitários prisioneiros das piores rotinas, o único ensinamento do qual podemos nos orgulhar; logo virá o dia, um dia de glória e felicidade, espero, em que uma França enfim libertada do inimigo e com uma vida espiritual mais livre do que nunca vai nos reunir novamente para a discussão das ideias. Nesse dia, instruídos por uma experiência arduamente adquirida, será que não pensarão em mudar alguma coisa nas lições que ministraram ontem?

O mais espantoso era, sem dúvida, que esses intransigentes apaixonados pelo gênero humano não se surpreendiam de encontrar, nos caminhos da capitulação, os inimigos declarados de sua classe e de suas ideias. A bem dizer, a aliança, por mais estranho que possa parecer, se erguia às vezes mais alto, em espírito, do que a inimizade. Pois muitos dos que os aceitavam agora a qualquer preço como associados na obra da paz, depois de muito combatê-los nos campos de batalha eleitorais, tinham acabado de abandonar as próprias fileiras para voar para destinos mais proveitosos. Esses trânsfugas haviam rejeitado, como um disfarce incômodo, qualquer aparência dos antigos ardores revolucionários. Mas de sua passagem pelas seitas que usaram como úteis trampolins, eles guardaram pelo menos uma marca indelével. Ali eles perderam o sentido dos valores nacionais que nunca mais reencontrariam. Não foi por acaso que a derrocada levou ao poder um ministro que esteve em Kienthal;[8] que os alemães talvez consigam levar para lá um agitador de rua que, antes de vestir uma falaciosa pelagem de patriotismo nos anos do pré-guerra, foi um dos chefes do comunismo.[9] Não há, contra certa escola de política, uma condenação mais terrível: quem nela se forma pode esquecer tudo o que aprendeu, até o que muitas vezes era belo e nobre – tudo, menos uma negação: a da pátria.

---

[8] A conferência de Kienthal (24 a 30 de abril de 1916) reuniu pela segunda vez na Suíça, sob o comando de Lenin, os oponentes da guerra, saídos das correntes mais radicais dos partidos socialistas e dos sindicatos europeus. Três deputados socialistas franceses – Jules Blanc, Pierre Brizon e Jean-Pierre Raffin-Dugens – participaram, mas não Pierre Laval, a quem Marc Bloch faz alusão aqui.

[9] Marc Bloch resume aqui o itinerário de Jacques Doriot (1898-1945), membro do comitê político do PC-SFIC até 1934 e, em seguida, animador da dissidência em Saint-Denis, onde era prefeito. Em 1936, aderiu ao fascismo e fundou o Partido Popular francês. Depois de 1940, colaboracionista fervoroso, Doriot se alinhou com as concepções nazistas. Durante a fase comunista, adquiriu uma reputação de coragem por ocasião das violentas manifestações de rua organizadas pelo PC e por suas ações antimilitaristas, que lhe valeram inúmeras condenações.

Assim, embora as necessidades gerais da defesa nacional se confundissem mais do que nunca com os interesses específicos dos assalariados, suas exigências mais evidentes encontraram diante delas uma opinião operária tristemente incerta sobre o caminho a seguir. A essa confusão, as inacreditáveis contradições do comunismo francês ainda acrescentaram um novo fermento de perturbação. Mas chegamos aqui a uma nova ordem de problemas, que são aquelas do próprio pensamento.

Não foi apenas no terreno militar que nossa derrota teve razões intelectuais. Não adquirimos um pouco demais o hábito de nos contentar com conhecimentos incompletos e ideias insuficientemente lúcidas para podermos sair vencedores? Nosso regime de governo se baseava na participação das massas. Ora, o que fizemos para dar a esse povo – ao qual remetíamos assim os próprios destinos, e que não era, creio eu, incapaz de escolher o caminho certo – o mínimo de informações nítidas e seguras, sem as quais nenhum comportamento racional é possível? Na verdade, nada. Essa foi, com certeza, a grande fraqueza do nosso sistema pretensamente democrático, o pior crime de nossos pretensos democratas. Poderia até passar se tudo o que tivéssemos a deplorar fossem as mentiras e omissões – culpadas, é certo, mas fáceis de apurar – que o espírito de partido assumido abertamente inspira. O mais grave era que a imprensa tida como de pura informação, que muitos jornais, entre eles os que fingiam obedecer apenas a considerações de ordem política, serviam, na verdade, a interesses ocultos, muitas vezes sórdidos e por vezes estranhos, em suas origens, ao nosso país. Sem dúvida, o bom senso popular obteve sua revanche. E ela assumiu a forma de uma desconfiança crescente em relação a qualquer propaganda, por escrito ou pelo rádio. Seria um grave erro acreditar que o eleitor vota sempre "como seu jornal manda". Conheço mais de um entre os humildes que, recebendo quase todo dia o jornal local, vota quase sempre *contra* ele, e talvez essa resistência a conselhos insinceros nos ofereça hoje, no estado em que se encontra a França, um dos melhores motivos de consolo e também de esperança. É preciso reconhecer, porém, que, para compreender os mecanismos de uma imensa luta mundial, prever a tempestade e se armar previamente contra seus raios, trata-se de uma preparação mental medíocre. O hitlerismo recusa deliberadamente – leiam *Minha luta* e as conversações com Rauschning – o acesso de suas multidões à verdade. Substituiu a persuasão pela sugestão emocional. Para nós, é necessário escolher: ou fazemos de nosso povo, como eles, um instrumento que vibra cegamente com o magnetismo de alguns chefes (mas quais? aos do momento falta poder de atração), ou o formamos para que seja um colaborador consciente dos representantes que ele mesmo escolheu. No estágio atual de nossas civilizações, esse dilema não admite mais meio-termo... A massa não obedece mais. Ela segue, ou porque foi colocada em transe ou porque sabe.

Devemos concluir que nossas classes abastadas e relativamente cultas não consideraram de bom alvitre, seja por desdém, seja por desconfiança, esclarecer o homem da rua ou dos campos? Esse sentimento certamente existia. E era tradicional. Não foi com alegria no coração que as burguesias europeias permitiram que "as classes baixas" aprendessem a ler. Um historiador poderia citar inúmeros textos sobre o assunto. Mas o mal tinha penetrado bem fundo nas entranhas. A curiosidade faltava justamente naqueles que estavam em situação de satisfazê-la. Comparem estes dois jornais quase homônimos: *The Times* e *Le Temps*. Os interesses cujas ordens ambos seguem são de natureza semelhante; seus públicos, dos dois lados, igualmente distantes das massas populares; sua imparcialidade, igualmente suspeita. No entanto, quem lê o primeiro sempre saberá infinitamente mais sobre o mundo tal como é do que o assinante do segundo. O mesmo contraste aparece entre nossa imprensa, tão orgulhosa daquilo que chama de "postura" intelectual, e, por exemplo, o *Frankfurter Zeitung*, o *Frankfurter* de antes do hitlerismo, talvez até o de hoje. O sábio, diz o provérbio, contenta-se com pouco. No domínio da informação, nossa burguesia realmente era terrivelmente sábia, no sentido do sóbrio Epicuro.

Centenas de sintomas confirmam isso. No decorrer de duas guerras, convivi com vários oficiais da reserva e da ativa de origens extremamente diversas. Entre os que liam um pouco, e eram raros, não vi quase nenhum que tivesse nas mãos uma obra que o ajudasse a compreender o tempo presente, nem que fosse por intermédio do passado. Fui a única pessoa a aparecer no 4º bureau com o livro de Strasser[10] sobre Hitler, e só um de meus camaradas pediu o volume emprestado. A miséria de nossas bibliotecas municipais foi denunciada inúmeras vezes. Consultem os orçamentos de nossas grandes cidades: perceberão que o termo adequado é indigência. Mas não foi apenas da arte de conhecer os outros que nos tornamos estrangeiros. O que fizemos da velha máxima "conhece-te a ti mesmo"? Contaram-me que em uma comissão internacional nosso delegado foi alvo de zombaria do delegado da Polônia: entre quase todas as nações, éramos os únicos que não haviam sido capazes de produzir uma estatística séria dos salários. Nossos empresários sempre preferiram manter suas convicções em segredo, o que favorece os pequenos interesses particulares, a trazê-las à luz do conhecimento, que auxilia a ação coletiva. No século da química, conservaram uma mentalidade de alquimistas. Tomemos, por exemplo, os grupos que na época se deram por missão o combate ao comunismo entre nós. É evidente que somente uma pesquisa honesta e inteligente, conduzida no país inteiro, poderia fornecer os dados necessários para detectar as causas desse incômodo sucesso do comunismo para, em seguida, tentar deter seu avanço. Mas quem em suas fileiras percebeu isso? Pouco importam aqui as intenções políticas. Aprovando-as ou censurando-as, o sintoma realmente grave é a ineficiência da técnica intelectual dessas poderosas associações de interesses. Como se espantar ao ver que os estados-maiores organizaram tão mal os seus serviços de informação? Eles pertenciam a meios onde o gosto pela informação tinha se debilitado progressivamente; onde, mesmo podendo folhear *Minha luta*, ainda alimentavam dúvidas sobre os verdadeiros objetivos do nazismo;

[10] Membros do Partido Nazista, Otto Strasser (1897-1974) e seu irmão Gregor, rival de Hitler na Alemanha do norte, criaram, em 1931, a Frente Negra, órgão de oposição a Hitler no interior do NSDAP [Nationalsozialistische Deutsche Arbeiterpartei, Partido Nacional-Socialista dos Trabalhadores Alemães]. Forçado à clandestinidade e depois ao exílio, Otto Strasser deu continuidade à sua ação anti-hitlerista, mas não antinacional-socialista, em Viena, Praga e na França, onde as edições Grasset publicaram seu livro *Hitler et moi*, em 1940. Gregor foi assassinado na prisão em 30 de junho de 1934, durante a Noite dos Longos Punhais.

onde, enfeitando a ignorância com a bela palavra "realismo", parece que essas dúvidas persistem até hoje.

O pior é que essa preguiça de saber acarreta, quase necessariamente, uma funesta complacência para consigo mesmo. Ouço o rádio pregando diariamente o "retorno à terra". Dizem a nosso povo mutilado e desamparado: "Você se deixou engambelar pelos atrativos de uma civilização demasiadamente mecanizada; se afastou dos valores antigos que faziam a sua originalidade, alimento da grande cidade, da fábrica e quiçá da escola! O que precisa agora é da aldeia ou da cidadezinha rural de outrora, com seus trabalhos arcaicos e suas pequenas sociedades fechadas governadas por notáveis: lá, poderá retemperar suas forças e voltar a ser você mesmo." Claro que não ignoro que esses belos sermões servem para dissimular – muito mal, na verdade – interesses bem distantes da felicidade dos franceses. Todo um partido que detém ou pensa deter atualmente as rédeas do comando nunca deixou de lamentar a antiga docilidade que insiste em supor seja inata nos povos modestamente camponeses. É bem possível, aliás, que estejam enganados. Não é de hoje que nossos campônios têm, como diziam os velhos textos, "a nuca dura". E a Alemanha, sobretudo, que triunfou através da máquina, pretende reservar para si esse monopólio. É sob o aspecto de coletividades puramente agrícolas, obrigadas, consequentemente, a trocar seus trigos e laticínios a preços tabelados pelos produtos de sua grande indústria, que ela concebe as nações, cujas humildes agremiações sonha reunir a seu redor, como uma vassalagem. Através do microfone, a voz que fala nossa língua vem de lá.

Essas ideias bucólicas não são, no entanto, coisas de hoje. Bem antes da guerra, toda uma literatura da renúncia já havia tornado tais propósitos bastante familiares. Ela estigmatizava o "americanismo". Denunciava os perigos da máquina e do progresso. Louvava, ao contrário, a pacífica doçura de nossos campos, a gentileza de nossa civilização de pequenas cidades, a amabilidade e, ao mesmo tempo, a força secreta de uma sociedade convidada a permanecer cada vez mais resolutamente fiel aos modos de vida do passado. Propostas de um academicismo levemente meloso que fariam sorrir nossos velhos autores rústicos, como Noël du Fail ou Olivier de Serres.[11] O verdadeiro trabalho no campo exige mais estoicismo que doçura, e é apenas nas pastorelas que a aldeia aparece como um asilo de paz. Mas nem tudo nessa apologia da França rural era falso. Acredito firmemente que, até hoje, possuir fortes raízes no solo ainda é uma grande vantagem para um povo. Assim fazendo, ele assegura ao edifício econômico uma rara solidez e se reserva, principalmente, um fundo de recursos humanos realmente insubstituível. Por tê-lo visto em seu cotidiano, por ter combatido a seu lado recentemente e por ter me debruçado sobre sua história, sei quanto vale o autêntico camponês francês, em sua viçosa robustez e em sua saborosa sutileza. Sou sensível, como qualquer outro, ao charme discreto de nossas velhas cidades e não ignoro que elas foram a matriz onde, durante longo tempo, se formou a parte mais atuante da coletividade francesa.

Mas vamos nos resignar a ser – e os italianos anunciaram seu desejo de deixar de ser – única e exclusivamente um "museu de antiguidades"? Não adianta mais dissimular: a própria escolha não é mais possível. Conhecemos bem demais o destino que nossos inimigos reservaram aos museus para acreditar que ainda existe opção. Queremos viver e, para viver, vencer. Ora, é preciso ter a coragem de assumir que o que acabou de ser vencido em nós foi justamente a nossa cara cidadezinha do interior. Seus dias de ritmo tão moroso, a lentidão de seus ônibus, suas administrações sonolentas, as perdas de tempo que uma negligência indolente só faz multiplicar, a ociosidade de seus cafés de caserna, suas politicagens de visão curta, seu artesanato de baixo lucro, suas bibliotecas de prateleiras viúvas de livros, seu gosto pelo conhecido e sua desconfiança contra qualquer surpresa que possa perturbar os hábitos confortáveis – eis o que sucumbiu diante do ritmo infernal que o famoso "dinamismo" de uma

---

[11] Conselheiro no Parlamento de Rennes, imitador de Rabelais, Noël du Fail (1520-1591) se tornou conhecido por seu *Treze propostas rústicas* (1547), em seguida suas *Futilidades* (1548) e *Contos e discursos de Eutrapel* (1585). Agrônomo, Olivier de Serres (1539-1619) colocou em prática o afolhamento em substituição ao pousio. Importou também para a França o lúpulo e a garança, o milho e a amoreira. Marc Bloch fez o prefácio da edição do catálogo da exposição que lhe foi consagrada em 1939.

Alemanha de colmeias vibrantes dirigiu contra nós. Nem que seja para preservar o que pode e deve ser conservado em nosso velho patrimônio, é preciso que nos adaptemos às necessidades de uma nova era. A carroça puxada por burro pode ser um meio de transporte cheio de bonomia e charme, mas se continuarmos a nos recusar a substituí-la pelo automóvel lá onde se faz necessário acabaremos perdendo até mesmo os burricos. E para fazer o novo é preciso, antes de mais nada, instruir-se. Se nossos oficiais não souberam captar os métodos de guerra que o mundo atual exige foi, em larga medida, porque à sua volta a nossa burguesia, da qual eles também saíram, cerrava preguiçosamente os olhos. Se nos fecharmos em nós mesmos estaremos perdidos e só poderemos nos salvar se nossos cérebros trabalharem duro para saber melhor e imaginar mais rápido.

E também para reencontrar aquela coerência de pensamento que nos últimos anos uma estranha doença parece ter apagado em todos que se interessam, em maior ou menor grau, pela ação política. A bem dizer, um historiador não pode sentir grande surpresa ao ver que os partidos ditos de "direita" se mostram tão propensos a se inclinar diante da derrota. Essa tem sido, ao longo de quase todo o nosso destino, a sua tradição: desde a Restauração até a Conferência de Versalhes. Por um momento, os mal-entendidos do caso Dreyfus pareciam ter embaralhado as cartas, ao confundir militarismo e patriotismo. É natural que os instintos profundos tenham levado a melhor, e isso é bom. No entanto, o fato de que os mesmos homens pudessem manifestar a mais absurda germanofobia e em seguida defender nossa entrada no sistema continental alemão como vassalos; se erigir em defensores da diplomacia à moda de Poincaré e em seguida vituperar contra o pretenso "belicismo" de seus adversários eleitorais – todas essas reviravoltas supõem, entre aqueles dirigentes que eram sinceros, uma estranha instabilidade mental; entre seus fiéis, uma insensibilidade não menos chocante que as piores contradições do pensamento. Certamente não ignoro que a Alemanha de Hitler despertava simpatias às quais a Alemanha de Ebert[12]

[12] Friedrich Ebert (1871-1925), dirigente da social-democracia alemã, apoiou o governo alemão durante a guerra. Depois de novembro de 1918, passou a se opor às tentativas

não podia pretender. A França, pelo menos, continuava sendo sempre a França. Queremos, no entanto, encontrar, custe o que custar, uma desculpa para tais acrobacias? Sem dúvida, a melhor seria dizer que os adversários no outro extremo da escala de opiniões não eram menos insensatos. Recusar os créditos militares e no dia seguinte reclamar "canhões para a Espanha"; pregar primeiro o antipatriotismo e, no ano seguinte, a formação de uma "Frente dos Franceses",[13] para depois, enfim, esquivar-se de seu próprio dever de servir e conclamar as multidões a fazer o mesmo – nesses zigue-zagues reconhecemos a curva que os desajeitados dançarinos da corda bamba do comunismo descreveram sob nossos olhares perplexos. Sei muito bem disto: do outro lado da fronteira, um *homo alpinus* moreno, de estatura média, tendo como principal porta-voz um pequeno corcunda castanho,[14] conseguiu basear seu despotismo numa mítica supremacia dos "grandes arianos louros". Mas os franceses tinham até então a reputação de terem mentes sóbrias e lógicas. Realmente, para que se possa realizar, segundo o dito de Renan, uma reforma intelectual e moral desse povo depois de uma nova derrota, a primeira coisa que ele terá de reaprender é aquele velho axioma da lógica clássica: A é A; B é B; A não é nunca B.

Sobre as causas profundas de tais fraquezas haveria, é evidente, muita coisa a dizer e buscar. Nossa burguesia, que ainda é o cérebro da nação, apesar de tudo, via os estudos sérios com muito mais gosto no tempo em que era, em grande medida, uma classe que vivia de rendas. Hoje em dia o homem de negócios, o médico, o advogado penam duramente em seus gabinetes. Quando saem, parece que só têm forças para se divertir. Talvez uma melhor organização do tempo, sem perda da intensidade

---

revolucionárias. Tornou-se presidente da Alemanha em fevereiro de 1919, cargo em que permaneceu até a morte.

[13] Em novembro de 1938, algumas semanas depois da assinatura dos acordos de Munique, Maurice Thorez, secretário-geral do PC, propôs a formação de uma Frente dos Franceses. Essa tentativa efêmera, cujo objetivo era uma união além dos partidos de esquerda, foi abandonada em 1939 por uma volta à clássica linha anti-imperialista.

[14] Marc Bloch esboça os retratos de Adolph Hitler, cujo físico certamente não correspondia aos critérios raciais atribuídos aos arianos, e de Joseph Goebbels, seu ministro da Propaganda, que tinha um pé torto.

do trabalho, pudesse lhes permitir mais oportunidade de lazer. Mas esse entretenimento assumiria eventualmente uma forma intelectual? Ele raramente é associado à ação, nem mesmo indiretamente, pois uma velha tradição nos leva a apreciar a inteligência pela inteligência, como a arte pela arte, dissociada da prática. Temos grandes sábios, mas não existem técnicas menos científicas que as nossas. Lemos, quando lemos, para nos tornarmos cultos, o que é muito bom. Mas não pensamos que podemos e devemos, ao agir, buscar a ajuda de nossa cultura.

Esse povo teria, enfim, que voltar à escola da verdadeira liberdade de espírito. "É bom que existam hereges": os meios militares não foram os únicos a perder de vista essa máxima de sabedoria. No que se refere à opinião tradicionalista, ainda passa, está de acordo com sua natureza. Mas o que dizer dos chamados partidos "avançados"? Tenho pela obra de Karl Marx a mais viva admiração pessoal. O homem era, temo eu, insuportável; um filósofo menos original, sem dúvida, do que pretenderam pintá-lo, mas como analista social ninguém teve maior potência. Se algum dia os historiadores adeptos de uma ciência renovada resolverem construir uma galeria de precursores, o busto barbudo do velho profeta renano ganharia um lugar na primeira fila da capela da corporação. Mas isso é suficiente para que suas lições sirvam eternamente como modelo para qualquer doutrina? Excelentes estudiosos que em seus laboratórios acreditam apenas na experiência escreveram tratados de fisiologia ou capítulos de física "segundo o marxismo".[15] Que direito tinham eles, depois disso, de zombar da matemática "hitlerista"? Partidos que professavam a mutabilidade das formas econômicas excomungavam os desavisados que se recusavam a jurar segundo a palavra do mestre. Como se as teorias nascidas da observação das sociedades europeias, conforme se apresentavam por volta dos

---

[15] Marc Bloch faz alusão ao primeiro volume de *À la lumière du marxisme* (Éditions Sociales Internationales, 1935), publicação de conferências ministradas no quadro da Comissão Científica da Nova Rússia em 1933-34 que inclui as contribuições de Marcel Prenant ("Sciences biologiques et société") e Jean Langevin ("Sciences et industrie"). Lucien Febvre assistiu às reuniões, realizadas no Palais de la Mutualité, e chegou a presidir uma delas (ver suas cartas a Marc Bloch, *Correspondance*, vol.II, Paris, Fayard, 2004, p.112).

anos 1860 e alimentadas pelos conhecimentos sociológicos de um sábio desses tempos, pudessem continuar a ditar lei em 1940.

Melhor fazia Condorcet, que, impregnado do firme racionalismo do século XVIII, dizia em seu famoso relatório sobre a instrução pública: "Nem a Constituição francesa, nem mesmo a Declaração dos Direitos serão apresentadas a nenhuma classe de cidadão como tábuas descidas do céu que devem ser adoradas e nas quais se deve crer."

Entendo muito bem sem que haja necessidade de que me soprem: os dirigentes dos grupos eram, em seu foro íntimo, muito menos fiéis a essa ortodoxia de fachada do que deixavam entrever. Mas não encontramos aí, em sua horrível associação, os vícios intelectuais que tanto contribuíram para nossa perdição, o gosto pelo equívoco junto com um senso insuficientemente agudo da constante evolução do mundo? Contra os homens de extrema esquerda, assim como contra os estados-maiores – pois numa nação acontece de os piores adversários respirarem, sem desconfiar, a mesma atmosfera mental –, era Hitler, devo admitir, quem tinha razão. Não o Hitler dos grandes discursos às multidões, mas o das confidências, aquele que um dia disse a Rauschning,[16] a propósito justamente do marxismo: "Sabemos que não existe Estado definitivo ..., que existe uma evolução perpétua. ... O futuro é o rio inesgotável das possibilidades infinitas de uma criação sempre nova."

A um professor universitário podemos perdoar que atribua uma grande parte da responsabilidade ao ensino e que, mesmo sendo um pedagogo, exponha cruamente os defeitos de nossos métodos pedagógicos. Oscilando sem tréguas entre um humanismo à moda antiga, que se mantém sempre fiel a seu valor estético, e o gosto muitas vezes imoderado pelas novidades, tão incapaz de preservar as qualidades estéticas e morais da cultura

[16] Membro do NSDAP desde 1931, Hermann Rauschning (1887-1982) tornou-se presidente do Parlamento de Dantzig em 1933. Pediu demissão em novembro de 1934 em razão de divergências com a política de Hitler e de Forster, o *Gauleiter* de Dantzig. Refugiado na Suíça, publicou em 1938 *La révolution du nihilisme* (Gallimard, 1939) e, em seguida, *Hitler m'a dit* (trad. franc.: Paris, Coopération, 1939). Essa citação se encontra nas páginas 255-6 da edição Pluriel (Hachette, 1995, prefácio de Raoul Girardet).

clássica quanto de criar outras, nosso ensino secundário faz muito pouco para desenvolver a energia intelectual. Como as universidades, ele enche os alunos de exames. E reserva muito pouco espaço para as ciências da observação, tão propícias a desenvolver a iniciativa dos olhos e da massa cinzenta. Estende-se a respeito da fisiologia animal, com razão, mas negligencia quase totalmente a botânica, no que se equivoca profundamente. Enquanto as escolas inglesas se esforçam para encorajar o *hobby*, uma mania do espírito (herbários, coleções de pedras, fotografia e sei lá mais o quê), as nossas desviam pudicamente os olhos de todas essas "fantasias", ou preferem relegá-las ao escotismo, cujo sucesso denuncia, talvez mais claramente do que qualquer outro sintoma, as carências da educação "nacional". Conheci mais de um bom aluno que, desde que saiu do liceu, jamais abriu um livro sério; e mais de um aluno médio ou ruim que revela hoje um gosto profundo pela cultura. Se fosse uma eventualidade, a aventura nada teria de escandalosa. Repetida, torna-se inquietante.

Mas não seria um simples despeito de apaixonado? Historiador, estaria propenso a ser particularmente severo em relação ao ensino de história. Não é somente a Escola de Guerra que arma mal os alunos para a ação. E com certeza não podemos censurar os liceus por negligenciarem o mundo contemporâneo. Ao contrário, eles lhe reservam um lugar cada vez mais exclusivo. Mas justamente porque só querem olhar para o presente ou para o passado muito próximo, tornam-se incapazes de explicá-lo, qual um oceanógrafo que, recusando-se a erguer os olhos para as estrelas sob o pretexto de que se encontram longe do mar, não saberia encontrar a razão das marés. É inútil afirmar que o passado não comanda inteiramente o presente. Sem ele, o presente se torna ininteligível. Pior ainda: privando-se deliberadamente de um campo mais amplo de visão e de comparação, a pedagogia histórica não consegue mais dar aos espíritos que pretende formar o sentido do diferente ou da mudança. Foi assim que nossa política renana pós-1918 baseou-se numa imagem ultrapassada da Europa. Ela insistia em ressuscitar um morto: o separatismo alemão. E foi assim que nossos diplomatas teimaram em dar crédito aos Habsburgo, aqueles fantasmas desbotados que só servem para enfeitar álbuns de fotografia de salões bem-pensantes; e temia-se mais

Hohenzollern do que Hitler. São inúmeros os pêsames que uma história verdadeira jamais teria esquecido de enviar. Além do mais, presos quase sem exceção às manifestações mais superficiais da vida dos povos, que em épocas mais recentes também são mais fáceis de compreender, nossos programas escolares cultivam a obsessão pelo político. Recuam pudicamente diante de qualquer análise social e com isso deixam de estimular o gosto por ela. Mas, por favor, não me acusem de exigir demais de um professor de escola primária ou secundária! Não acho que seja mais difícil despertar o interesse de uma criança pelas vicissitudes de uma técnica, ou pelas aparentes estranhezas de uma civilização antiga ou distante, do que por uma mudança de ministério. E não foi num manual feito segundo os meus gostos que vi explicarem convenientemente aos alunos da nona série que a monarquia de julho tinha substituído o "pariato hereditário" pelo "pariato vitalício". Não tinham nada melhor para ensinar à petizada: nada mais humano, mais capaz de alcançar proveitosamente a sua imaginação maleável, mais instrutivo a seu adestramento como futuros cidadãos da França e do planeta. Reclamamos aqui também uma grande faxina na atmosfera, com todas as janelas abertas. Essa será a tarefa dos jovens. Para reformar a preparação intelectual do país, assim como o comando de seus exércitos, contamos com eles, muito mais do que com as cinco academias, as mais altas autoridades do meio acadêmico ou o Conselho Superior de Guerra.

O regime político do período anterior à guerra é acusado de todos os pecados. Também não me sinto, por meu lado, muito tentado a elogiá-lo. O parlamentarismo favoreceu demais a intriga, à custa da inteligência ou da dedicação. Para me convencer disso, basta olhar a meu redor. Os homens que hoje nos governam saíram, em sua maioria, desses pântanos.[17] Renegam agora os costumes que os transformaram no que são, mas isso não passa de manha de velhas raposas. O empregado infiel que abriu o cofre-

[17] Em 10 de julho de 1940, o Parlamento concedeu plenos poderes ao marechal Pétain, por 560 votos contra oitenta e vinte abstenções. Noventa e um por cento dos que se opunham ao golpe de força de Laval pertenciam à esquerda.

forte não deixa as chaves falsas rolando por aí por medo de que algum espertinho delas se apodere para, por sua vez, despojá-lo de sua pilhagem.

Quando chegar a hora da verdadeira reconstrução, quando pudermos exigir de novo que o país seja dirigido às claras e ordenar o afastamento das facções que tenham perdido a confiança do país, com certeza só precisaremos recolocar, preguiçosamente, nossos passos nas pegadas de anteontem. As assembleias de dimensões monstruosas que pretendiam nos governar eram um legado absurdo da história. Nos Estados Gerais, reunidos para dizer "sim" ou "não", contavam-se seus membros às centenas. Uma assembleia de governo está fadada ao caos no momento em que aceita ser uma multidão. Ademais, saber se uma assembleia criada para sancionar e controlar pode governar já é, em si, um problema. Nossa engrenagem de partidos exalava um perfume mofado de pequeno café e de obscuros gabinetes de negócios e não tinha sequer a desculpa de sua força, pois desmoronou ao primeiro sopro da arbitrariedade como um castelo de cartas. Prisioneiros de dogmas que reconheciam como caducos, de programas que já tinham renunciado a realizar, os grandes partidos uniam de forma falaciosa homens que tinham opiniões completamente divergentes sobre os grandes problemas do momento – como todos viram muito bem depois de Munique – e separavam outros que pensavam exatamente da mesma forma. Na maioria das vezes, não conseguiam sequer decidir quem ficaria com o poder. Serviam simplesmente de trampolim para os mais hábeis, que se expulsavam alternadamente do topo.

Incontestavelmente, fomos malpreparados para a guerra por nossos ministros e nossas assembleias. E, sem dúvida, o alto-comando não foi de grande ajuda. Mas nada revela de maneira tão crua a indolência de um governo quanto, justamente, a capitulação diante dos técnicos. Em 1915, as comissões das Câmaras fizeram mais do que todos os artilheiros juntos para nos dotar de uma artilharia pesada. Que suas herdeiras fizessem o mesmo, e por mais em tempo, pelos aviões e tanques! A história do Ministério do Armamento parece uma aula de irracionalidade: é inacreditável que, para improvisá-lo, tenham esperado pelos primeiros meses de campanha. Ele deveria ter sido criado, com seus quadros prontos, desde o dia da convocação.

O Parlamento raramente recusava créditos quando os especialistas sabiam pedi-los com coragem, mas não tinha a força necessária para controlar sua boa utilização. Além disso, tinha muito medo de incomodar o eleitor, mas era perfeitamente capaz de aceitar roubar seu bolso. Sua repugnância a impor aos reservistas os períodos de treinamento necessários foi um grande golpe contra o princípio dos exércitos nacionais. É verdade que as rotinas da caserna, muito pouco favoráveis a um emprego racional desses estágios de instrução, eram um obstáculo em seu caminho. Os presidentes do Conselho reclamaram várias vezes a concessão de plenos poderes. Era o mesmo que confessar que a máquina constitucional estava emperrada. Teria sido melhor reformá-la antes que fosse tarde demais. Solução de conveniência, pudemos constatar que esses plenos poderes não serviram muito para reforçar a prática governamental, nem para chamá-la à ordem. Mimados pela prática dos corredores, nossos chefes políticos imaginavam se informar quando, na verdade, nada mais faziam do que recolher boatos em encontros casuais. Os problemas mundiais, assim como os nacionais, só apareciam para eles do ângulo das rivalidades pessoais.

O regime era, portanto, fraco. Mas não era tão mau quanto quiseram pintá-lo. Entre os crimes de que foi acusado, alguns parecem puramente imaginários. Repetiu-se muito que as paixões partidárias e, sobretudo, anticlericais tinham desorganizado o exército. Sou testemunha de que, em Bohain, o general Blanchard comparecia todo domingo à missa. Supor que só passou a fazer isso depois que a guerra começou seria uma injúria totalmente gratuita contra sua coragem cívica. Ele tinha cem vezes razão, já que esta era a sua fé, de cumprir assim, publicamente, os seus deveres de fiel. O descrente que o censurasse seria um tolo ou um caluniador infame. Mas não creio que suas convicções religiosas, lealmente afirmadas, o tenham impedido de obter, sob um governo dito "de esquerda", um exército, e de conduzi-lo à derrota.

Além do mais, será que nossos Parlamentos e os ministros saídos de suas fileiras governavam tanto assim? Eles mantiveram várias instituições dos sistemas anteriores e estavam bem longe de dirigi-los estritamente. Sem dúvida, as preocupações de partido nunca deixaram de interferir, com frequência, nas escolhas dos chefes de equipe. Não importa de que lado soprava o vento no momento, as designações que elas impunham não eram muito felizes. Mas o recrutamento de base permanecia quase exclusivamente corporativo. Asilo preferido dos filhos de notáveis, a Escola de Ciências Políticas enchia as embaixadas, o Tribunal de Contas, o Conselho de Estado e a fiscalização das Finanças com seus alunos. A Escola Politécnica, cujos bancos viram a formação, para toda a vida, dos laços de uma maravilhosa solidariedade, não fornecia apenas os estados-maiores da indústria: dava acesso às carreiras de engenheiro do Estado, cuja promoção obedece a leis de um automatismo quase mecânico. As universidades, por meio de todo um jogo de conselhos e comitês, se cooptavam quase completamente, não sem perigo para a renovação do pensamento, e ofereciam a seus professores garantias de permanência que o sistema atual diz ter abolido provisoriamente. Do alto de sua riqueza e de seu prestígio – mesmo sobre as almas aparentemente mais filosóficas um título sempre exerce sedução –, o Institut de France conservava, para o bem e para o mal, a sua dignidade de potência intelectual. Se a política tinha alguma eventual influência sobre a escolha da Academia, não era com certeza a da esquerda. "Conheço", dizia na época Paul Bourget, "três cidadelas do conservadorismo: a Câmara dos Lordes, o Grande Estado-Maior alemão e a Academia francesa."

O regime errou ou acertou ao respeitar essas antigas corporações? Podemos dissertar sobre o assunto a perder de vista. Alguns dirão: estabilidade, tradição de honra. Outros, para os quais confesso me inclinar, replicarão: rotina, burocracia, arrogância coletiva. Em todo caso, uma coisa é certa: o erro foi pesado em dois pontos.

Qual não foi o clamor quando um ministério da Frente Popular quis quebrar, através da criação de uma Escola de Administração, o monopólio das "Ciências Políticas"! O projeto foi muito mal recebido.[18] Melhor teria

---

[18] Antes da criação da Escola Nacional de Administração (ENA), a Escola Livre de Ciências Políticas era a única a preparar para os concursos que davam acesso aos quadros do alto funcionalismo público. Para concorrer com esse estabelecimento privado, frequentado por uma burguesia abastada, Jean Zay (ministro da Educação) tentou fundar uma escola superior de administração; o projeto, atacado por todos os lados, logo foi a pique.

sido, sem dúvida, facilitar o acesso de todos às funções administrativas através de bolsas e entregar sua preparação às universidades, segundo o amplo sistema de cultura geral que faz a força do Civil Service britânico. Mas a primeira ideia era justa. Qualquer que seja a natureza do governo, o país sofre se os instrumentos do poder são hostis ao próprio espírito das instituições públicas. Uma monarquia precisa de um pessoal monarquista. Uma democracia se enfraquece, para desgraça dos interesses comuns, quando seus altos funcionários, formados no desprezo a ela e saídos, por uma questão de urgência, daquelas mesmas classes cujo domínio ela pretende abolir, a servem de má vontade.

Por outro lado, o sistema de cooptação que reinava, oficialmente ou não, em quase todas as grandes instituições tinha como resultado o fortalecimento do poder da idade. Como no exército, a promoção geralmente era lenta, com raras exceções, e os velhos, perpetuando-se no topo, quando tinham de estender a escada para alguns de seus cadetes escolhiam de preferência os melhores alunos. As revoluções nos parecem ora desejáveis, ora odiosas, segundo seus princípios sejam ou não os nossos. Mas elas têm uma virtude inerente a seu impulso mesmo: empurram para a frente os verdadeiros jovens. Tenho horror ao nazismo, mas, assim como a Revolução Francesa – e confesso que me incomoda fazer tal comparação –, a revolução nazista colocou no comando, seja à frente das tropas, seja à frente do Estado, alguns homens que, por terem a mente fresca e não terem sido formados nas rotinas escolares, eram capazes de compreender "o surpreendente e o novo". E nós só podíamos opor a eles um bando de senhores de cabelos brancos ou de jovens senhores.

No entanto, antes de mais nada, e qualquer que seja a força de resistência adquirida por suas próprias engrenagens, um regime é aquilo que a sociedade que ele pretende governar fez dele. E a máquina pode arrastar o motorista. No mais das vezes, ela vale tanto quanto os dedos que a manejam. Tenho vontade de rir quando ouço alguns homens de negócios que conheço, algumas horas depois de conseguirem "passar", à força de moeda sonante, um artigo no mais sério de nossos jornais, se meterem a bradar contra a venalidade da imprensa; ou depois de encomendar a um antigo ministro um livro que defenderá seus interesses escusos, começar a imprecar contra esses "fantoches" do Parlamento. Quem merece mais a corda, o corruptor ou o corrupto? Nossa grande burguesia gosta de criticar o corpo docente, mas no tempo em que detinha a chave do cofre, até mais do que hoje, achava natural reservar aos professores de seus filhos, em seu orçamento, menos do que dava a seus domésticos. Será que algum dia criticaremos a avareza francesa de maneira suficiente? Também nesse caso o espírito de cidadezinha do interior continuava a triunfar.

Nosso mecanismo político sofria, a ponto de ficar literalmente encurralado, do grande mal-entendido dos franceses.

É bom, é saudável que num país livre as filosofias sociais opostas se contraponham livremente. No estado atual de nossas sociedades, é inevitável que as diversas classes tenham interesses contrários e tomem consciência desses antagonismos. A desgraça da pátria começa quando a legitimidade desses choques não é compreendida.

Tenho usado aqui e ali o termo "burguesia". Não sem escrúpulos. Palavras como essa, ao mesmo tempo gasta pelo tempo e sujeita a um perpétuo desvio de sentido, atravancam a ainda tateante nomenclatura das ciências humanas e encerram realidades muito complexas em contornos muito vagos. Mas é forçoso, até nova ordem, fazer uso do único vocabulário que uma linguagem imperfeita coloca à nossa disposição, desde que se definam adequadamente os termos. Chamo portanto de burguês, em nossa realidade, o francês que não deve seus recursos ao trabalho manual; cujas rendas, quaisquer que sejam suas origens ou extensão, permitem certa fartura de meios e garantem uma segurança em um nível muito superior ao das incertas possibilidades do salário operário; cuja instrução, recebida tanto na infância, se vem de uma família tradicional, quanto no curso de uma ascensão social excepcional, supera por sua riqueza, sua tonalidade e suas pretensões a norma de cultura absolutamente comum; que, enfim, acredita ou sente que pertence a uma classe destinada a desempenhar um papel dirigente na nação e marca mais ou menos instintivamente, através de mil detalhes, como as roupas, a língua e a polidez, sua adesão a essa originalidade do grupo e a esse prestígio coletivo.

Ora, a burguesia, assim entendida, já tinha deixado de ser feliz na França antes da guerra. As revoluções econômicas, atribuídas à última catástrofe mundial e nem todas vitoriosas, sabotavam a tranquila estabilidade das fortunas. Antes recurso quase único de muitas famílias, última esperança de tantas outras que ainda galgavam os primeiros degraus do sucesso, a renda se desfazia entre mãos atônitas. A resistência dos assalariados criava um bloco contra qualquer pressão sobre as remunerações operárias, diminuindo a cada crise o lucro patronal, com os dividendos. A expansão da indústria nos novos países e os progressos de sua autossuficiência destinavam o capitalismo europeu, em particular o francês, a uma anemia crescente. A ofensiva das novas camadas sociais ameaçava o poderio econômico e político de um grupo habituado a comandar. Durante muito tempo ele se acomodou, em seu conjunto, às instituições democráticas. Muitos de seus membros chegaram a defendê-las. A questão foi que, como sempre, os costumes chegaram depois do direito. Concedido ao pequeno camponês e ao operário, o direito de voto não mudou grande coisa, por mais de uma geração, na dominação exercida tradicionalmente na província pelos notáveis das classes médias. Até ajudou-os em parte, permitindo que fossem excluídos dos grandes postos do Estado seus velhos adversários oriundos da burguesia mais alta ou da nobreza. Entre homens pouco afeitos às intransigências aristocráticas, a democracia se harmonizava com um gosto bastante sincero de humanidade. E não chegava a incomodar o bolso ou a solidez de seu modesto prestígio. Mas veio o dia em que, impulsionado pela tragédia econômica, o eleitor comum fez ouvir bem mais alto e mais perigosamente a sua voz, e os rancores foram atiçados pelo retorno de um verdadeiro sentimento de desigualdade. Obrigado a pagar pessoalmente e cada dia mais duramente, o burguês começou a acreditar que as massas populares, cujo trabalho era a fonte profunda de seus ganhos, trabalhavam bem menos do que no passado – o que era verdade – e até menos que ele próprio, o que talvez não fosse exato e, em todo caso, não levava muito em conta as diferentes nuances do esforço humano. E assistimos à sua indignação ao ver o trabalhador encontrar tempo para ir ao cinema, tal qual o patrão! O espírito das classes trabalhadoras, acostumado por sua longa insegurança a viver sem grandes preocupações com o amanhã, agredia seu respeito inato pela poupança. Naquelas multidões de punhos erguidos, exigentes, levemente agressivos e cuja violência traduzia uma grande candura, até os mais caridosos se lastimavam ao procurar, agora em vão, o "bom pobre" respeitoso dos romances de Mme. de Ségur. Os valores da ordem, da dócil bonomia, da hierarquia social aceita de bom grado, para os quais toda uma educação tinha formado suas almas naturalmente pouco amigas das novidades, pareciam prestes a ser varridos. E, junto com eles, talvez desaparecesse uma coisa certamente bem mais preciosa: um pouco daquele sentimento nacional que, sem que o rico percebesse com a devida atenção, reclama dos humildes uma dose de abnegação bem mais considerável que a dos senhores.

E assim, ansiosa e descontente, a burguesia ficou também amarga. Desacostumada a qualquer esforço para tentar compreender esse povo do qual provinha e pelo qual, olhando mais de perto, devia sentir profundas afinidades, ela preferiu condená-lo. Seria até difícil exagerar a comoção que o advento da Frente Popular provocou, em 1936, nas fileiras das classes abastadas, mesmo entre os homens aparentemente mais livres de espírito. Qualquer um que possuísse dois tostões começou a sentir soprar o vento da desgraça, e a indignação das donas de casa suplantava, se isso fosse possível, a de seus maridos. Hoje, acusa-se a burguesia judaica de ter fomentado o movimento. Pobre Sinagoga, eternamente vendada![19] Ela tremeu, sou testemunha disso, mais ainda que a Igreja. E o mesmo aconteceu com o Templo. "Não reconheço mais os meus industriais protestantes", me dizia um escritor nascido nesse ambiente. "Costumavam ser até pouco tempo os mais preocupados com o bem-estar de seus operários. E agora são os mais raivosos contra eles!" Uma grande fratura, separando

[19] À direita do portão da catedral de Estrasburgo, encontra-se uma jovem mulher de olhos vendados que representa a Sinagoga, carregando uma lança quebrada e deixando cair ao chão as Tábuas da Lei. Do lado oposto, à esquerda do portal, vê-se a Igreja, triunfante.

os grupos sociais em dois blocos, surgiu de um dia para outro em toda a espessura da sociedade francesa.

Garanto que não tenho nenhuma intenção de fazer aqui a apologia dos governos da Frente Popular. Uma pá de terra piedosamente jogada sobre seus túmulos pelos que por um momento neles depositaram sua fé: esses mortos não merecem nada além disso. Tombaram sem glória. E o pior é que seus adversários tiveram pouco a ver com isso. Os próprios acontecimentos, pelos quais foram superados, também não carregam nem de longe todo o peso da responsabilidade. A tentativa sucumbiu, antes de tudo, diante das loucuras de seus partidários ou dos que aparentavam sê-lo. Mas a atitude da maior parte da opinião pública burguesa foi indesculpável. Ela simplesmente virou a cara, para o bem e para o mal. Vi um bom homem, que não era absolutamente insensível aos prazeres dos olhos, se recusar a colocar os pés na Exposição Universal. Debalde que oferecesse um tesouro incomparável, orgulho da nação: as obras-primas da arte francesa. O ministro que a inaugurou foi execrado. O término estava comprometido, diziam, pelas exigências dos sindicatos.[20] Foi o bastante para que se proferisse o anátema contra ela. E a grita foi geral quando se falou em organizar o tempo livre. Lançaram mão da zombaria e do boicote. Hoje as mesmas pessoas põem os mesmos esforços nas nuvens, depois que a ideia foi retomada, mais ou menos seriamente, sob outro nome e por um regime mais a seu gosto.

E quaisquer que tenham sido os erros de seus chefes, havia nesse impulso das massas em direção à esperança de um mundo mais justo sobretudo uma honestidade tocante, à qual é espantoso que nenhum espírito bem-colocado tenha se mostrado sensível. Mas que patrão, entre os que encontrei, se mostrou capaz de perceber, por exemplo, o que uma greve de solidariedade, mesmo pouco razoável, tem de nobre? "Ainda passava", diziam eles, "se os grevistas estivessem defendendo os próprios salários."

[20] Marc Bloch faz alusão às greves, às sabotagens e às violências que, de fevereiro a março de 1937, colocaram em perigo a conclusão das obras da Exposição Universal. A abertura, prevista inicialmente para 1º de maio, foi adiada para o dia 25. A inauguração, pelo presidente da República, ocorreu na véspera sem que os trabalhos estivessem concluídos.

Existem duas categorias de franceses que nunca compreenderão a história da França: os que se recusam a vibrar à lembrança da sagração de Reims e aqueles que leem sem emoção o relato da Festa da Federação. Pouco importa a orientação de suas preferências. Sua resistência às mais belas explosões de entusiasmo coletivo basta para condená-los. Na Frente Popular – a verdadeira, das multidões, não dos políticos – sentia-se reviver alguma coisa da atmosfera do Campo de Marte, sob o forte sol de 14 de julho de 1790. Infelizmente, os homens cujos antepassados prestaram juramento no altar da pátria perderam o contato com suas fontes profundas. Não por acaso nosso regime, que se supunha democrático, nunca soube dar à nação festas que fossem realmente de todo mundo. Deixamos para Hitler o cuidado de ressuscitar as grandes celebrações, os antigos peãs. Conheci os oficiais encarregados de manter o "moral" das tropas no I Exército. O comando escolheu para isso um banqueiro tipicamente parisiense e um industrial do norte. E eles acreditavam que para conseguir inserir "algumas verdades" nos jornais do front, era preciso envolvê-las num manto de piadas. Quanto ao Teatro dos Exércitos, quanto mais grosseiras as farsas que apresentava, melhor lhes parecia. Cada vez mais longe do povo, ora recusando-se a levá-lo a sério, ora tremendo diante dele, e renunciando a compreender seus autênticos movimentos de alma para apenas simpatizar com eles, a burguesia se afastava, sem perceber, da própria França.

Arrasando o regime, ela acabava por condenar, num movimento bastante natural, a nação que tinha sido entregue em suas mãos. Desesperando, sem notar, de seu próprio destino, acabava por desesperar da pátria. Pensam que exagero? Pois releiam os jornais que a burguesia lia na época e lhe serviam de inspiração: é esclarecedor. No momento em que a Bélgica tinha acabado de rejeitar a aliança em prol de uma neutralidade tristemente falaciosa, um amigo bruxelense me dizia: "Vocês não imaginam o mal que seus grandes jornais fazem à sua causa. Eles proclamam a cada semana que vocês são corruptos. O que querem? Nós acreditamos." E nós só fazíamos acreditar mais ainda. Uma grande parte de nossas classes ainda dirigentes, aquelas que forneciam nossos grandes empresários, nossos principais administradores, a maioria de nossos oficiais da reserva, foi para a guerra obcecada com isso. Recebiam ordens de um sistema político que consideravam corrupto até a raiz dos cabelos; defendiam um país que julgavam antecipadamente incapaz de resistir; os soldados que comandavam vinham de um povo, a seu ver, degenerado.[21] Por maior que fosse a sua coragem pessoal e a força de seu patriotismo, seria essa uma boa preparação mental para lutar, como seria necessário, "até o último minuto"?

Ora, os estados-maiores também partilhavam esses preconceitos. Mas não estavam necessariamente tão contaminados assim. Ainda faltava muito para que os oficiais de carreira, mesmo nas mais altas funções, viessem todos dos meios hereditariamente favorecidos pela fortuna. Muitos deles eram, devido às suas origens, bastante próximos das camadas populares. Por profissão e por questão de honra, eram, em sua maioria, alheios a qualquer baixo espírito mercantilista. O futuro do capitalismo, supondo que encontravam tempo para pensar nisso, certamente não lhes inspiraria grandes cuidados, e uma redistribuição da renda não continha nada que pudesse assustar a maioria deles. Homens de dever em sua quase totalidade e fervorosos patriotas, eles eram os soldados da França. E ficariam indignados se os tomassem por mercenários de interesses particulares ou de classe. Mas o que sabiam realmente sobre as realidades sociais? A escola, a casta, a tradição construíram à sua volta um muro de ignorância e de equívocos. Suas ideias eram simples. "À esquerda", todos eram "antimilitaristas" – criticavam e não respeitavam a autoridade, que compõe, como todos sabem, a principal força dos exércitos. Quanto aos socialistas, eram conhecidos de longa data: o mau soldado eternamente queixoso e que, para cúmulo do horror, trata de contar aos jornais as suas lamentações. Quem quer que concordasse com essa gente viraria suspeito, e o próprio

---

[21] Nota de Marc Bloch, 29 de agosto de 1914: "Meu correio está cada vez mais cheio. Na maior parte, muitas petições de padres ou de mulheres que pedem com insistência que consagre a França ao Sagrado Coração. Muitos desses pedidos são tocantes... Outros, infelizmente, parecem inspirados antes pela paixão política do que pelo sentimento religioso. E apresentam nossas derrotas como um castigo merecido, infligido por Deus à República. A União sagrada estaria, portanto, ameaçada?..." (Poincaré, *Au service de la France*, t.V, p.165).

Roosevelt tinha alguma coisa de "bolchevique" (foi o que ouvi, e de um chefe de estado-maior). Para completar, como eram, em seu conjunto, de espírito pouco curioso e ensinados desde a infância a fugir das heresias, essa curta ortodoxia lhes parecia mais do que suficiente. Não procuravam se informar de modo algum. Entre os jornais que apareciam na mesa de nosso refeitório, *Le Temps* representava o vermelho mais extremado. Assim, um grupo de jovens chefes recrutados entre os mais inteligentes jamais abriria uma publicação que refletisse, por pouco que fosse, as opiniões defendidas, com ou sem razão, pela maioria dos franceses.

Temos de fazer nosso mea-culpa. Não é de hoje que deploro isso: os homens aos quais cabia a honra de representar, ao longo dos últimos anos, o que tínhamos entre nós de tendências autenticamente liberais, desinteressadas e humanamente progressistas, cometeram um de seus erros mais graves esquivando-se de qualquer esforço para se fazerem compreender melhor por um grupo profissional onde subsistiam valores morais tão altos. O mal-entendido data, creio eu, do caso Dreyfus e, originalmente, a responsabilidade com certeza não cabia ao nosso lado das barricadas. Mas isso não pode servir de desculpa. Quantas vezes, ao ver meus camaradas beberem nas fontes do ódio e das bobagens que sórdidos hebdomadários continuavam a disseminar, mesmo durante a guerra, pensei com meus botões: "Que pena que uma gente tão brava seja tão mal-informada! É acima de tudo vergonhoso que ninguém nunca tenha tentado realmente esclarecer as coisas para eles."

Mas os fatos são esses, e agora já podemos medir suas consequências. Mal-informados sobre os recursos infinitos de um povo que permaneceu muito mais íntegro do que certas aulas envenenadas faziam crer, e incapazes, por desprezo e por rotina, de apelar a tempo às suas reservas mais profundas, nossos chefes não deixaram apenas de vencer. Cedo demais já consideravam natural serem vencidos. Depondo as armas antes da hora, garantiram o sucesso de uma facção. Alguns ainda procuraram, sobretudo no golpe de Estado, alguma forma de esconder seus erros. Outros, no alto-comando, além de quase todos nas fileiras do exército, estavam bem longe de perseguir objetivos tão egoístas, pelo menos conscientemente.

E aceitaram o desastre com ódio no coração. Mas aceitaram cedo demais, e o fizeram porque encontraram dois consolos atrozes: esmagar, sob as ruínas da França, um regime amaldiçoado; ajoelhar-se diante do castigo[22] que o destino enviava a uma nação culpada.

Pertenço a uma geração cheia de má consciência. Voltamos da última guerra, é bem verdade, bastante cansados. Tínhamos também, depois daqueles quatro anos de pausa forçada pelo combate, uma pressa enorme de retomar os instrumentos de nossos diversos ofícios, na bancada onde os havíamos abandonado à ferrugem: queríamos recuperar em bocados duplos o trabalho perdido. Essas são as nossas desculpas. Não acredito mais, há muito tempo, que sejam suficientes para nos inocentar.

Fomos muitos os que divisamos bem cedo o abismo em que a diplomacia de Versalhes e a diplomacia do Ruhr[23] ameaçavam nos jogar. Compreendíamos que elas poderiam conseguir esse maravilhoso golpe duplo: nos indispor com nossos aliados da véspera e manter em carne viva a nossa antiga querela com os inimigos que tínhamos acabado de vencer com grande esforço. Ora, não ignorávamos o que a Grã-Bretanha e a Alemanha representavam em matéria de potências latentes. Os mesmos homens, ou quase isso, que nos aconselharam a triste sabedoria de Luís XVIII, antes mesmo que a hora soasse, nos apontavam agora o caminho da magnificência de Luís XIV. Não éramos suficientemente tolos para acreditar junto com eles que, numa França empobrecida, relativamente despovoada e com um potencial industrial medíocre, tal política fosse a mais adequada à ocasião: tanto é que jamais foi. Como não éramos profetas, não adivinhamos o nazismo. Mas previmos muito bem que, sob uma forma cujos contornos nos confessávamos incapazes de desenhar, a resposta alemã chegaria um dia, alimentada por um rancor cujas sementes nossas

---

[22] Nota de Marc Bloch: Essa hipnose do castigo já preocupava alguns franceses em 1914.

[23] Eleito presidente do Conselho em janeiro de 1922, Raymond Poincaré pretendia implementar uma política firme em relação à Alemanha, para obrigá-la a pagar as reparações previstas pelo Tratado de Versalhes. Em janeiro de 1923, depois do fracasso da Conferência de Paris, Poincaré usou o pretexto de uma não entrega de madeira pela Alemanha para ocupar o Ruhr. A população alemã respondeu com uma "resistência passiva".

loucuras multiplicavam, e que sua deflagração seria terrível. Se tivessem nos perguntado sobre o resultado provável de uma segunda guerra, teríamos respondido, sem dúvida, com a esperança de uma segunda vitória. Mas sem dissimular que, nessa tormenta renovada, a civilização europeia corria o risco de soçobrar para sempre. Sentíamos, por outro lado, na Alemanha de então, a ascensão ainda tímida de uma boa vontade francamente pacífica, honestamente liberal, que caberia a nossos chefes encorajar. Sabíamos disso tudo. E, no entanto, preguiçosamente, covardemente, deixamos as coisas correrem. Tivemos medo do choque com a multidão, dos sarcasmos dos amigos, do desprezo intolerante de nossos chefes. Não ousamos ser a voz que grita em praça pública, de início no deserto, mas que, pelo menos, qualquer que seja o resultado final, poderá reconhecer em si mesma a firmeza de ter expressado sua opinião. Preferimos nos encerrar na temerosa quietude de nossos gabinetes. Que os mais jovens possam perdoar o sangue que temos nas mãos!

Tudo o que foi dito aqui sobre as fraquezas que pouco a pouco minavam a robusta saúde do país, sobre a letargia intelectual das classes dirigentes e sobre seus rancores, sobre as propagandas ilógicas cujas misturas fraudulentas intoxicavam nossos operários, sobre nossa gerontocracia, sobre o mal-estar no exército, na nação, nós murmurávamos tudo isso, ou quase, há muito tempo, entre amigos próximos. Quantos tiveram a coragem de falar mais alto? Posso entender, não tínhamos almas partidárias. E não nos arrependemos disso. Aqueles dentre nós que, por exceção, se deixaram enredar pelos partidos, acabaram quase sempre por se tornarem prisioneiros, bem mais que guias. Mas nosso dever não nos chamava aos comitês eleitorais. Tínhamos uma língua, uma pena, um cérebro. Adeptos das ciências do homem ou sábios de laboratórios, talvez tenhamos nos afastado da ação individual por uma espécie de fatalismo inerente à prática de nossas disciplinas. Elas nos habituaram a considerar em relação a todas as coisas, e tanto na sociedade quanto na natureza, o jogo das forças de massa. Diante dessas vagas sísmicas, de uma irresistibilidade quase cósmica, o que poderiam os nossos pobres gestos de náufragos? Seria interpretar mal a história. Entre todos os traços que caracterizam nossas civilizações, ela não conhece nenhum mais significativo que um imenso progresso na tomada de consciência da coletividade. É aí que está a chave de um grande número de contrastes que opõe tão cruamente as sociedades do passado às do presente. Na medida em que é percebida, uma transformação jurídica deixa de se produzir do modo como o faria se permanecesse puramente instintiva.

As trocas econômicas não obedecem às mesmas leis se as oscilações dos preços são conhecidas ou não pelo conjunto dos participantes. Ora, de que é feita a consciência coletiva senão de uma pluralidade de consciências individuais que influem incessantemente umas sobre as outras? Formar uma ideia clara das necessidades sociais e se esforçar para disseminá-la é introduzir um novo grão de fermento na mentalidade comum; é dar a si mesmo uma chance de modificá-la um pouco e em seguida de alterar, em alguma medida, o curso dos acontecimentos, regulados em última análise pela psicologia dos homens. Antes de tudo, a tarefa cotidiana era, uma vez mais, o dever que nos chamava. Para a maioria de nós, resta apenas o direito de dizer que fomos bons operários. Mas teríamos sido sempre bons cidadãos?

Não exponho esses remorsos por condescendência. A experiência nunca me ensinou que um pecado confessado se torne, por isso, menos pesado de suportar. Penso naqueles que um dia lerão estas páginas: em meus filhos, certamente, e talvez outros, um dia, entre os jovens. Peço que reflitam sobre os erros dos mais velhos. Pouco importa que os julguem com a implacável severidade das almas ainda frescas ou reservem para eles um pouco dessa indulgência divertida cujo desdenhoso benefício as gerações que chegam concedem de bom grado à velhice. O essencial é que os conheçam, para evitá-los.

Hoje estamos nesta situação terrível em que a sorte da França deixou de depender dos franceses. Depois que as armas que não empunhamos com a necessária firmeza caíram de nossas mãos, o futuro de nosso país e de nossa civilização constitui exatamente o que está em jogo nesta luta, na qual não somos, na maioria, mais do que espectadores um pouco humilhados. O que será de nós se, por infelicidade, a Grã-Bretanha também for vencida? Nossa reconstrução nacional será, com toda a certeza, longamente adiada. Adiada apenas, estou convencido disso. As molas profundas que impulsionam nosso povo estão intactas e prontas para saltar. As do nazismo, ao contrário, não conseguirão suportar a tensão crescente, até o infinito, que os atuais senhores da Alemanha pretendem lhes impor. Por fim, os regimes que "chegaram nos furgões do estrangeiro" conseguiram eventualmente gozar de certa duração entre nós. Mas isso nunca foi, diante do desgosto de uma nação orgulhosa, mais que o repouso de um condenado. Já não estamos percebendo que a chaga da Ocupação começa a morder cada dia mais cruelmente as nossas carnes? A aparente bonomia do início já não engana ninguém. Para julgar o hitlerismo, basta, a nosso ver, observá-lo viver. Mas como é melhor evocar a imagem de uma vitória inglesa! Não sei quando chegará a hora em que, graças a nossos aliados, poderemos retomar as rédeas de nosso próprio destino. Veremos então as várias frações de nosso território se libertando, umas depois das outras? Veremos se formarem, vaga após vaga, exércitos de voluntários ansiosos para responder ao novo apelo da pátria em perigo? Um governo autônomo surgir em algum lugar para se alastrar em seguida como uma mancha de óleo? Ou um impulso total virá nos sublevar de repente? Um velho historiador projeta essas imagens em sua cabeça. Entre elas, sua pobre ciência não permite que faça uma escolha. Digo francamente: desejo, em todo caso, que ainda tenhamos sangue a derramar, mesmo que venha a ser o sangue dos que me são caros (não falo do meu, ao qual não dou tanto valor). Pois não há salvação sem uma parte de sacrifício, nem liberdade nacional que possa ser plena se não trabalhamos para conquistá-la nós mesmos.

Não é aos homens de minha idade que cabe a tarefa de reconstruir a pátria. A França da derrota teve um governo de velhos. Isso é natural. Mas a França de uma nova primavera terá de ser uma criação dos jovens. Sobre seus antepassados da antiga guerra, eles terão o triste privilégio de não precisarem se proteger da preguiça da vitória. Qualquer que venha a ser o resultado final, a sombra do grande desastre de 1940 não está nem perto de se apagar. Quem sabe não é uma boa coisa ser obrigado a trabalhar com raiva? Não terei a pretensão de traçar-lhes um programa. Criarão eles mesmos as suas leis, do fundo de seus cérebros e de seus corações. E adaptarão seus contornos às lições dos acontecimentos. Suplicamos apenas que evitem a secura dos regimes que, por rancor ou orgulho, pretenderem dominar as multidões sem instruí-las nem se comunicar com elas. Nosso povo merece confiança e informação. Também esperamos que, sempre fazendo o novo, muito novo, não se rompam absolutamente os laços com o nosso patrimônio autêntico, que não está ou pelo menos não está inteiramente lá onde os pretensos apóstolos da tradição querem colocá-los. Hitler disse certa vez a Rauschning: "Temos razão ao especular antes sobre os vícios do que sobre as virtudes dos homens. A Revolução Francesa fazia apelo à virtude. Mais vale que façamos o contrário."[24] Um francês, ou seja, um homem civilizado – pois trata-se de uma única coisa –, será certamente perdoado se, a este ensinamento, preferir o da Revolução Francesa e de Montesquieu: "Mas, num Estado popular, é preciso uma força a mais: a Virtude."[25] Não importa se assim a tarefa fica mais difícil! Um povo livre, cujos objetivos são nobres, corre um duplo risco. Mas é aos soldados no campo de batalha que devemos aconselhar o temor da aventura?

GUÉRET-FOUGÈRES (CREUSE)
julho-setembro de 1940

---

[24] Hermann Rauschning, *Hitler m'a dit*, op.cit., p.549.

[25] Montesquieu, *Do espírito das leis*, parte 1, livro III, cap.3, "Do princípio da democracia" [ed. bras.: trad. Fernando Henrique Cardoso e Leôncio Martins Rodrigues, São Paulo, Abril Cultural, 3ª ed., [1748] 1985, p.41].

Testamento, 1941

Os elogios militares
de Marc Bloch, 1915-1940

À maneira de epígrafe
para *A estranha derrota*

O general que perdeu seu exército

Testamento, 1941

Em março de 1941, Marc Bloch havia retomado o magistério há dois meses como professor designado na Faculdade de Letras da Universidade de Estrasburgo, transferida para Clermont-Ferrand. De fato, excluído da função pública pelo primeiro estatuto dos judeus, que entrou em vigor em dezembro de 1940, foi autorizado a continuar a ensinar em razão dos "serviços científicos excepcionais prestados ao Estado francês". Naqueles dias de março de 1941, sua vida não foi ameaçada diretamente; em compensação, viu todo o sistema de valores da França desmoronar a partir de junho de 1940 e tentou opor a essa imensa derrota, causada pela mentira e pela traição, os valores da fidelidade e do "amor à verdade". Fez questão de tomar posição em relação ao judaísmo, embora até então tenha vivido como israelita não praticante. O "estatuto" lhe recusa seus nobres títulos de funcionário e oficial francês; ele responde que permanecerá sendo, para sempre. Querem vê-lo apenas como um judeu e por isso não, ou não mais, um francês? Proclamando seu judaísmo diante dos antissemitas e refletindo sobre a filiação judaísmo/cristianismo, ele reivindica apenas uma vinculação: à República. Pois para ele nada mudou, como demonstram os quatro elogios em folha da Grande Guerra e um da campanha de 1940, que ele coloca lado a lado, como um único quadro da honra de um soldado de duas guerras mundiais. Este texto altamente pessoal, desconhecido por longo tempo, tornou-se precioso não somente para conhecer Marc Bloch, mas também como documento histórico de uma riqueza excepcional para revelar a experiência dos homens de sua geração, comprometidos na vida e na morte com a causa da República.

Annette Becker

Clermont-Ferrand, 18 de março de 1941

Onde quer que eu morra, na França ou em terra estrangeira, e em que momento for, deixo à minha querida esposa ou, se ela faltar, a meus filhos o cuidado de tratar de meu funeral como julgarem melhor. Será um funeral puramente civil: os mais próximos sabem que eu não gostaria que fosse diferente. Mas desejo que nesse dia – seja na casa funerária, seja no cemitério –, um amigo aceite ler as poucas palavras que se seguem:

Não pedi que sobre meu túmulo fossem recitadas as preces hebraicas, cujas cadências, no entanto, acompanharam até seu último repouso tantos de meus ancestrais e meu próprio pai. Esforcei-me o melhor que pude, durante toda a minha vida, para alcançar a sinceridade total da expressão e do espírito. Considero a complacência para com a mentira, não importam os pretextos que se usem para dissimulá-la, como a pior lepra da alma. Como alguém muito maior que eu, expressaria de bom grado o desejo de que, como divisa, gravassem sobre a lápide estas simples palavras: *Dilexit veritatem*. Porque me é impossível admitir que, nessa hora do adeus supremo em que todo homem tem o dever de se resumir a si mesmo, seja feito em meu nome algum apelo em honra de uma ortodoxia cujo *credo* não reconheço absolutamente.

Mas seria mais odioso ainda se, nesse ato de probidade, alguém pudesse ver qualquer coisa que lembrasse uma renegação covarde. Afirmo, portanto, se necessário diante da morte, que nasci judeu; que jamais sonhei me defender disso nem encontrei nenhum motivo para me sentir tentado a fazê-lo. Em um mundo assaltado pela barbárie mais atroz, não é a generosa tradição dos profetas hebreus, que o cristianismo, no que ele tem de mais puro, retomou para ampliar, uma de nossas melhores razões para viver, para crer e para lutar?

Estranho a qualquer formalismo confessional, assim como a qualquer pertencimento pretensamente racial, sempre me senti, durante a vida inteira, antes de tudo e muito simplesmente, francês. Ligado à minha pátria por uma já longa tradição familiar, nutrida por sua herança espiritual e por sua história, incapaz, na verdade, de conceber alguma outra onde pudesse respirar sem entraves, eu a amei muito e tentei servi-la com todas as minhas forças. Nunca senti que minha qualidade de judeu colocasse qualquer obstáculo a esses sentimentos. No decorrer de duas guerras, não foi meu destino morrer pela França. Mas posso, pelo menos, com toda a sinceridade, dar este testemunho: morro como vivi, como um bom francês.

Em seguida – se ainda for possível encontrar tais textos –, que sejam lidos os meus cinco elogios em folha.

MARC BLOCH

Os elogios militares de Marc Bloch, 1915-1940

Ordem Geral n.2 de 19 de janeiro de 1915:

O coronel Hirdman, comandante da 350ª Brigada de Infantaria, designa para a Ordem da Brigada o ajudante Bloch, Marc, do 72º Regimento de Infantaria: "Conduziu sua seção de maneira bastante enérgica e mostrou o maior dos desprezos pelo perigo."

Ordem da Divisão n.15 de 3 de abril de 1916:

O general comandante da 125ª Divisão de Infantaria indica para a Ordem da Divisão, 72º Regimento de Infantaria, o ajudante Bloch, Marc – 4ª Companhia: "Excelente chefe de seção que já foi designado para a Ordem da Brigada. Está sempre pronto a se oferecer voluntariamente quando se trata de cumprir uma missão perigosa. Na noite de 24 para 25 de março de 1916, quando a companhia vizinha à sua executava uma arremetida contra uma trincheira inimiga, dirigiu com muita inteligência e sangue-frio um destacamento de granadeiros encarregado de atrair a atenção do inimigo para uma falsa direção."

Ordem da Divisão n.47 de 17 de novembro de 1917:

O general Arbalosse, comandante da 87ª Divisão de Infantaria, designa para a Ordem da Divisão

Bloch, Marc, Léopold, Bénjamin, tenente no 72º R.I.: "Excelente oficial de informações. No curso das últimas operações de outubro de 1917, garantiu com inteligência, com infatigável atividade e grande bravura o serviço de observação no setor da Divisão. Mesmo com seu observatório derrubado por um projétil inimigo e submetido à artilharia de obuses especiais, continuou seu serviço, mantendo-se a descoberto na trincheira, dando assim um belo exemplo de coragem e sangue-frio a seu pessoal. – Forneceu ao comando informações preciosas sobre a fisionomia do combate. Já designado duas vezes."

Ordem da Divisão n.115 de 6 de julho de 1918:

O general Dhers, comandante da 87ª Divisão de Infantaria, designa para a Ordem da Divisão

Bloch, Marc, Léopold, Bénjamin, tenente, oficial de informação no 72º Regimento de Infantaria: "Oficial notável, tanto pelos sentimentos elevados que o animam quanto pela alta competência, da qual deu provas através de suas funções de oficial de informações, sua grande atividade e seu absoluto desprezo pelo perigo. – No período dos ataques ... fez muitos reconhecimentos perigosos ao longo dos quais teve de percorrer zonas violentamente bombardeadas várias vezes. – Assim pôde relatar a seu chefe de Corpo informações preciosas que foram de grande ajuda para o sucesso das operações. – Deu, além disso, um belo exemplo de ousadia e fria resolução no cumprimento de suas missões."

Ordem Geral n.7 de 29 de junho de 1940:

O general de exército Blanchard, comandante do Grupo de Exército nº 1, designa para a ordem do Corpo de Exército

O capitão Bloch

Do 4º bureau do estado-maior do I Exército: "No curso das operações na Bélgica assumiu a pesada tarefa da organização e da execução do abastecimento de combustíveis. Em condições sempre difíceis, deu provas de um senso de reflexão, de uma organização segura, de uma energia tenaz e permitiu a execução dos movimentos determinados pelo comando."

À maneira de epígrafe para A estranha derrota[1]

"Não detesto a vida e amo sua imagem,
Mas sem o apego que cheira a escravidão."

Polieucto, V, II

"Um dos pontos de minha moral é amar a vida
sem temer a morte."

Descartes, *Carta a Mersenne*, 9 jan 1639

"Para viver, é preciso saber dizer: morramos."

Lamennais, *Carta ao marquês de Coriolis*, 19 dez 1828

Às quais é preciso acrescentar esta frase de Lamennais que hoje (junho de 1943) tem uma sonoridade tão atual: "Meu filho, sempre falta alguma coisa à bela vida que não acaba no campo de batalha, no cadafalso ou na prisão."

(Citado por Duine, p.317, como endereçada a Henri Heine)

[1] Primeira página do primeiro dos *Cadernos* mantidos por Marc Bloch a partir de outubro de 1940 e intitulados *MEA*.

O general que perdeu seu exército

Na Escola de Guerra, onde fui estudar
E fui, senhores, aluno aplicado,
Meu professor de história militar
Contou que um general muito louvado

Seu exército procurava em meio à noite.
O herói valoroso, lanterna na mão,
Murmurava: "A armada sumiu de açoite
E meus olhos tentam achar, em vão!"

Ai, meu irmão, ó infeliz Soubise,
Bem que precisava do teu lampião
Para descobrir que vento preciso
Soprou até meu último batalhão.

Ah, meus oficiais, jovem tropa alerta,
Nascida e criada na arte sutil
De rabiscar a flecha em cor esperta
Para alegrar o mapa do Kriegspiel.

Tu, grande esteio de minha madureza,
Chefe de estado-maior que, nos alvores,
Entre todos escolhi pela destreza
Em levar o barco pelos corredores,

Diga: onde foi que a armada se perdeu?
Onde meus tanques? Em que lugar meus praças?
O meu controlador, onde se meteu?
E meu arsenal, foi entregue às traças?

"Veja, meu general, eis o quadro,
Com tudo tão bem-desenhado,
Mas no terreno – me leve o diabo!
Não sei por quê, não encontro o riscado.

Arrumamos na cabeça os pareceres
A batalha prevista de zero a cem,
Mas o inimigo, esse desmancha-prazeres,
Surge sempre onde não se espera ninguém."

O que é esse rumor na estrada a soar?
Deus! Os senhores alemães no portão.
Que entrem! Rendo-me, custe o que custar!
Para mim só resta a triste sina da prisão.

Dizem, porém, que não há prisão tão forte
Na qual, por virtude de um espírito são,
O homem hábil não ajude a própria sorte
Prometendo o que for ao guardião.

E se não posso mais ser chefe de armada
Pois perdi até meu último soldado,
Talvez agora, na França desarmada,
O inimigo enfim me sagre chefe de Estado!

28 de abril de 1942

Nota biográfica

Marc Léopold Benjamin Bloch nasceu em 6 de julho de 1886 em Lyon, onde seu pai, Gustave Bloch, ocupava a cátedra de história e antiguidade greco-romana na Faculdade de Letras. Pertencia, por parte de pai, a uma família judia que havia se estabelecido na Alsácia no século XVIII. Formado também em história, na Sorbonne, Marc Bloch participou, em seguida, de diversos cursos em Berlim e Leipzig, familiarizando-se com os métodos da escola alemã de historiografia. A partir de 1909 começou a publicar seus primeiros artigos sobre história medieval, área a que se dedicou.

Convocado em 1914 como sargento de infantaria, terminou a Primeira Guerra Mundial como capitão. Em 1919, tornou-se professor da Universidade de Estrasburgo, onde desenvolveu e sistematizou, ao longo de dezessete anos, o essencial de sua obra. Fundou com Lucien Febvre, em 1929, a revista *Annales d'Histoire Économique et Social*, que apresentou novas proposições acerca da teoria da história e deu origem à chamada École dos Annales. Casado com Simonne Vidal, teve seis filhos: Alice, Étienne, Louis, Daniel, Jean-Paul e Suzanne.

Em 1939, apesar da idade e das responsabilidades familiares que poderiam isentá-lo das obrigações militares, foi novamente convocado, agora a seu pedido. Com a derrota da França pelos nazistas, em 1940, Bloch partiu para a Inglaterra, a fim de evitar a rendição. Mas retornou em seguida a seu país, onde conseguiu escapar, disfarçado de civil, para a zona não ocupada pelos alemães. É nessa época que redige, em sua casa de campo, *A estranha derrota*, cujos manuscritos foram mantidos em local secreto até o fim da guerra.

Expulso da função pública pelos decretos de Vichy contra os franceses de origem judaica, sua destituição acabou sendo suspensa junto com a de outros professores universitários – "por serviços científicos excepcionais prestados à França" –, e ele foi designado para a Universidade de Estrasburgo, transferida para Clermont-Ferrand. Mas, em 1943, mergulhou completamente na clandestinidade como membro da Resistência. Sob o pseudônimo de Chevreuse, depois Arpajon e Narbonne, trabalhou para constituir comitês de libertação.

Em 8 de março de 1944 foi preso pela Gestapo e submetido a diversas sessões de tortura. Em 16 de junho, foi embarcado em um caminhão junto com outros presos, entre eles um jovem, que chorava. Marc Bloch o confortou: "Vão nos fuzilar", disse, "mas não tenha medo, não vão nos fazer sofrer... Será rápido." Em Saint-Didier-de-Formans, o caminhão estacionou à beira de um campo. Bloch foi o primeiro a ser fuzilado. Gritou, antes de cair: "Viva a França!"

Marc Bloch ajudou a renovar as pesquisas históricas na França graças sobretudo a uma abertura aos estudos da antropologia, da sociedade e da economia. Escreveu, entre outros livros, *Les rois thaumaturgues*, 1924 (*Os reis taumaturgos*, Companhia das Letras, 1993); *Caractères originaux de l'histoire rurale française*, 1931; e *La société féodale*, 1939-40. *A estranha derrota* foi publicada pela primeira vez em 1946, dois anos após sua morte. Seu último livro, *Apologie pour l'histoire ou Métier d'historien* (*Apologia da história ou O ofício do historiador*, Zahar, 2002), inacabado, também só foi publicado postumamente, em 1949.

1ª EDIÇÃO [2011]

ESTA OBRA FOI COMPOSTA POR LETRA E IMAGEM EM DANTE PRO
E IMPRESSA PELA UMLIVRO EM PROCESSO DE IMPRESSÃO SOB
DEMANDA SOBRE PAPEL PÓLEN SOFT DA SUZANO S.A. PARA
A EDITORA SCHWARCZ A PARTIR DE MAIO DE 2020

FSC
www.fsc.org
MISTO
Papel produzido a partir de fontes responsáveis
FSC® C128038

A marca FSC® é a garantia de que a madeira utilizada na fabricação do papel deste livro provém de florestas que foram gerenciadas de maneira ambientalmente correta, socialmente justa e economicamente viável, além de outras fontes de origem controlada.